Richard J. Samuelson

NERONE

Un visionario al potere

la case books

NERONE. UN VISIONARIO AL POTERE
Richard J. Samuelson

2021 - 1a Edizione Cartacea
2014 - 1a Edizione eBook

LA CASE Books
PO BOX 931416, Los Angeles, CA, 90093
info@lacasebooks.com || www.lacasebooks.com

INDICE

JEFFREY DAHMER

SIMBOLI DEL MALE

Alcuni personaggi storici vengono associati in maniera automatica e inevitabile al Male. Leggendo le biografie di numerosi dittatori, capi di stato e condottieri militari del passato (e in molti casi, purtroppo, anche del presente) siamo pervasi da un senso di malessere e paura che si insinua sotto la nostra pelle e che non riusciamo a far andar via in alcun modo. Le atrocità commesse in nome di un ideale o, a volte, soltanto per semplice follia, sono state una costante nel corso dei secoli, tanto che l'umanità ancora oggi continua a confrontarsi con spettacoli terribili e spaventosi, e non c'è "progresso" o "illuminismo" che tenga di fronte alla crudeltà della mente umana.

Internet, se possibile, ridotto ancora di più la distanza tra il male e la nostra quotidianità, molto di più di quanto abbiano fatto i giornali prima e la televisione poi nei decenni scorsi. Oggi come oggi infatti viviamo molto spesso in società tutto sommato sicure e tutelate per quanto riguarda la nostra quotidianità ma, allo stesso tempo, esposte come non mai alle immagini di tragedie e malvagità che possono arrivare da qualsiasi parte del mondo. Basti pensare alle sequenze terribili delle decapitazioni dei giornalisti e degli ostaggi da parte dei terroristi islamici in Medio Oriente e in Francia, ma anche alle foto o ai video con le immagini strazianti dei tanti morti civili delle guerre più o meno "giuste" che insanguinano costantemente il nostro pianeta e che, purtroppo, sembrano destinate a non avere mai fine. A ogni modo la lista dei personaggi "malvagi" che gli storici di ogni epoca ci ha consegnato è lunghissima e in costante aggiornamento.

Certo, per fortuna esistono anche personaggi che sono stati dipinti dalla storiografia come positivi, buoni e senza macchia. Personaggi che con il passare degli anni sono diventati veri e propri simboli del bene grazie alle loro azioni o, magari, grazie agli errori più o meno voluti di alcuni storici. Del resto la Storia la scrivono i vincitori, su questo non ci sono dubbi.

Molto spesso questo meccanismo manicheo agisce sul nostro cervello in maniera che potremmo definire quasi subliminale, tanta e tale è stata l'esposizione culturale a cui siamo stati sottoposti fin da bambini dalla scuola, dai giornali, dai fumetti, dai libri, dalla tv e dal cinema.

In questo gioco che tende a dividere i buoni dai cattivi noi occidentali abbiamo idee molto precise quando parliamo di personaggi storici provenienti dalla cultura europea, si può dire che si sia creato negli anni un immaginario comune e condiviso da gran parte della popolazione. Provate anche voi: se qualcuno nomina personaggi storici come Giulio Cesare, Carlo Magno o George Washington avrete molto probabilmente una reazione positiva, mentre nomi come Caligola, Attila o Adolf Hitler vi susciteranno quasi sicuramente un sentimento negativo immediato.

Se parliamo invece di personaggi come Tamerlano, Spartaco o Gengis Khan, a meno che non abbiate per qualche motivo approfondito le loro biografie avrete probabilmente maggiore difficoltà nel collocarli in pochi secondi tra i meritevoli o tra i dannati. I secoli passati tendono a sedimentare le nostre credenze creando quello che chiamiamo substrato culturale, ovvero quell'insieme di concetti e valutazioni che in qualche modo diamo per scontate o, meglio, per acquisite. Si tratta di un meccanismo psicologico necessario per permettere il progresso culturale: in buona sostanza l'essere umano ha bisogno di avere dei punti di riferimento chiari dai quali partire per poi elaborare teorie originali o per esplorare nuovi ambiti del sapere. Per questo motivo più ci avviciniamo a personaggi che sono stati nostri contemporanei e più diventa complicato operare queste distinzioni.

Personaggi come Napoleone o Garibaldi suscitano sensazioni forti nell'opinione pubblica, ma difficilmente potremmo collocarli in maniera netta e precisa da una parte o dall'altra. E lo stesso dicasi per moltissimi dei protagonisti della storia del secolo scorso come John Fitzgerald Kennedy, Ernesto Che Guevara, Winston Churchill o Hugo Chavez, personaggi che portano con loro una carica di significati politici estremamente attuali che non solo possono condizionare e dividere il giudizio degli studiosi, ma anche quello della gente comune.

Ma quanto di vero c'è in tutto quello che ci hanno raccontato gli storici, i biografi, i registi o, molto più semplicemente, i maestri e i professori che abbiamo avuto sui banchi di scuola? Siamo sicuri di aver basato i nostri giudizi su basi solide o, invece, anche noi ci siamo arresi involontariamente al meccanismo del substrato culturale prendendo per buono in maniera acritica quanto ci veniva raccontato?

Nerone è senza dubbio uno degli esempi più classici di tutto quello che abbiamo scritto finora. L'imperatore romano infatti non solo è estremamente conosciuto da tutti, tanto da essere diventato nel corso dei secoli una vera icona pop, ma è ancora oggi un nome che viene associato immediatamente a una condotta corrotta, perversa, violenta e malvagia. Un vero e proprio simbolo del male.

Ecco che allora sorge spontanea la domanda: ma come sono andate davvero le cose? Nel ventunesimo secolo che giudizio possiamo dare sulla vita e sulle opere dell'uomo che venne definito dai suoi contemporanei l'Imperatore Poeta? Per la nostra sensibilità di uomini moderni Nerone rappresenta ancora quel coacervo di vizio e negatività che la storiografia tradizionale e la vox populi hanno tramandato fino ad oggi?

Proviamo allora a ripercorrere insieme la vita di questo celebre imperatore, osannato ma anche profondamente odiato finché era in vita e poi bollato come pazzo e visionario dagli storici di tutte le epoche.

UN'INFANZIA COMPLICATA

Nerone diventa imperatore nel 54 d.C quando Roma è al massimo della sua potenza e del suo splendore. Le temibili legioni romane, ancora oggi considerate l'esercito meglio organizzato di sempre, hanno conquistato un impero smisurato che va dall'odierna Inghilterra alle piramidi d'Egitto. Circa un quinto della popolazione mondiale dell'epoca vive all'interno dei confini dell'Impero Romano.

La città di Roma all'epoca è una delle pochissime metropoli del mondo e, anche se crescerà in maniera abnorme sotto il patrocino degli imperatori del secondo secolo dopo Cristo, già all'epoca di Nerone poteva senza alcun dubbio essere considerata una delle città più belle del mondo. Possiamo affermare senza timore di essere smentiti che la celebre definizione latina, Roma Caput Mundi, era senza dubbio appropriata.

Lucio Domizio Enobarbo, più tardi soprannominato Nerone, nasce ad Anzio il 15 dicembre del 37 d.C da Agrippina Minore e Gneo Domizio Enobarbo. Il termine "enobarbo" (letteralmente "barba di bronzo") indicava una caratteristica tipica di tutta la famiglia paterna, e cioè il colore rossastro della barba. Nerone inoltre ha i capelli castani e gli occhi molto chiari. È afflitto da una pesante miopia tanto che per poter vedere oggetti e persone lontane è costretto ad utilizzare un particolare smeraldo lavorato e levigato.

Il padre, discendente di una stirpe di nobiltà relativamente recente per gli standard dell'epoca, è una persona violenta e facile agli scatti d'ira, secondo alcune cronache è anche un forte bevitore. Si racconta di come avesse volontariamente investito con la sua biga un bambino che si attardava ad attraversare la strada. Durante una rissa inoltre aveva cavato un occhio con un pugnale a un cavaliere colpevole di averlo offeso.

La madre, Agrippina Minore, è invece la rampolla di una delle famiglie più in vista della Roma imperiale. Tra i suoi antenati può vantare il famoso condottiero Germanico, amatissimo tra i legionari romani, ma è pure nipote di vere e proprie personalità dell'epoca come Marco Antonio, Agrippa e Augusto, oltre a essere sorella dell'imperatore Caligola, salito al trono soltanto pochi mesi prima della nascita di Nerone.

Guardandola dal di fuori questa sembrerebbe una situazione in grado di garantire un'esistenza dignitosa e felice a chiunque, ma non dobbiamo commettere l'errore di giudicare quella realtà con i parametri dei nostri giorni.

In quegli anni, infatti, all'interno della corte imperiale romana venivano combattute vere e proprie guerre dinastiche allo scopo di portare al potere un candidato piuttosto che un altro. Intrighi di palazzo, omicidi su commissione, incidenti sospetti, avvelenamenti, maldicenze ed esili forzati erano all'ordine del giorno. Questo clima di violenza non risparmiava nemmeno i ragazzi più giovani che venivano tranquillamente assassinati se considerati anche soltanto minimamente una minaccia da una fazione in guerra contro un'altra.

È in questo clima di sospetto perenne, un sospetto che in molti casi arriva a sfiorare la paranoia pura, che Nerone vive i primissimi anni della sua vita. Sua madre Agrippina è una donna assetata di potere con un piano ben preciso: far diventare suo figlio Nerone imperatore. Ma Agrippina sa bene che per raggiungere il suo scopo deve giocare una partita lunga e molto pericolosa per se stessa e per il giovane Nerone.

La sorella di Caligola ha ben chiaro che per dare una chance al figlio dovrà assicurarsi che questo cresca vicino ai luoghi del potere. Solo così il ragazzo potrà permettersi di costruire una rete di supporto tra i senatori e la potente aristocrazia romana. Dovrà però allo stesso tempo evitare di stare troppo vicino alla corte imperiale per scongiurare il rischio di essere assassinato da chi potrebbe scorgere in lui una minaccia sulla via del potere. Inoltre l'educazione di Nerone deve essere adeguata e di alto livello, ma nonostante tutto non deve essere troppo elitaria per evitare rischiose dicerie.

Per Agrippina insomma si tratta di una sorta di sottile gioco degli specchi dove niente deve apparire per quello che è, per lo meno fino al momento in cui il figlio avrà raggiunto un'età tale da permettergli fare il grande salto. A quel punto qualcuno dovrà sgombrare il campo da eventuali avversari in un modo o nell'altro.

Si tratta comunque di problemi a cui penserà Agrippina quando verrà il momento giusto, non è il caso di pensarci troppo in questa prima fase. Come abbiamo detto si tratta di una partita a scacchi con una posta in gioco altissima, una di quelle partite delicate e molto equilibrate dove una sola mossa sbagliata può costare la testa al giocatore, e non stiamo certo utilizzando delle metafore. Come si può facilmente intuire Agrippina è senza dubbio una donna fuori dal comune e sa bene in qualesituazione delicatissima si trovi. Ciononostante commette un errore perché appena due anni dopo la nascita del figlio è costretta all'esilio dal fratello, l'imperatore Caligola.

LOSCHE TRAME

Secondo le fonti in nostro possesso pare che Agrippina avesse preso parte a una congiura contro Caligola, ma su questo punto non tutti gli storici sono concordi. Secondo un gruppo numeroso di studiosi, infatti, il comportamento sfacciatamente arrivista della sorella avrebbe messo in allarme l'imperatore, costringendolo ad allontanarla momentaneamente da Roma e dal potere per evitare di doverla uccidere, eventualità che in ogni caso restava sempre aperta. Durante l'esilio della madre Nerone viene affidato alle cure della zia materna, Domizia Lepida, e alle nutrici Egogle ed Alessandria. Domizia, secondo alcuni storici dell'epoca, si sarebbe completamente disinteressata di lui, mentre secondo alcuni studiosi sarebbe stata la prima se non forse l'unica persona a mostrare un po' di affetto verso quel bambino tutto sommato sfortunato.

L'esilio di Agrippina, confinata nell'odierna isola di Ventotene, dura per ben anni fino e cioè fino a quando Caligola viene assassinato dall'ennesima congiura di palazzo. Al suo posto viene acclamato imperatore Claudio, zio di Caligola e naturalmente della stessa Agrippina.

A proposito del modo in cui Claudio ottenne il potere gli storici romani ci hanno tramandato un aneddoto curioso, dato che al momento dall'assassinio di Caligola pare che Claudio si trovasse nella stessa stanza dell'Imperatore ma, temendo di essere ucciso, si fosse nascosto dietro una tenda tremante di paura.

Leggiamo con quali parole Svetonio, nel suo celebre *De vita caesarum* (Le vite dei cesari), racconta il modo rocambolesco in cui Claudio ottenne il potere:

«[...] In mezzo a vicissitudini di questo genere e ad altre simili, passò la maggior parte della sua vita, finché a cinquant'anni divenne imperatore, sia pure per un caso straordinario.

Respinto, insieme con tutti gli altri, dagli aggressori di Caligola, che avevano allontanato la folla con il pretesto che l'imperatore voleva restare solo, egli si ritirò in una stanza chiamata "ermeo"; poco dopo, spaventato dalla notizia dell'assassinio, si trascinò sulla vicina terrazza e si nascose dietro le tende tirate davanti alla porta. Un soldato che correva da tutte le parti, aveva scorto per caso i suoi piedi e, curioso di sapere chi ci poteva essere, lo stanò dal suo nascondiglio, lo riconobbe e, mentre Claudio atterrito gli si gettava ai piedi lo salutò come imperatore.

Poi lo condusse verso i suoi commilitoni indecisi che ancora si limitavano ad essere in subbuglio.

Costoro lo fecero entrare in una lettiga e, dal momento che i suoi schiavi erano fuggiti, lo portarono a turno sulle spalle fino al loro accampamento, tutto costernato e tremante, mentre la folla, al suo passaggio, lo commiserava come se, innocente, venisse condotto al supplizio.

Accolto all'interno delle fortificazioni, passò la notte in mezzo alle sentinelle con poche speranze e scarsa fiducia; in realtà i consoli, con l'aiuto del Senato e delle coorti urbane avevano occupato il foro e il Campidoglio con l'intenzione di difendere la libertà di tutti.

Quando fu invitato dai tribuni del popolo a venire in curia per consigliare ciò che giudicasse utile, mandò a dire che "era trattenuto dalla forza e dalla necessità".

Ma il giorno dopo, poiché il Senato, disgustato dalla molteplicità e diversità dei pareri, proseguiva con maggior lentezza nella realizzazione dei suoi piani, mentre la folla di fuori reclamava un solo capo, facendone il nome, Claudio permise che le truppe radunate gli giurassero obbedienza e promise a ciascun soldato quindicimila sesterzi.

Egli fu così il primo dei Cesari ad assicurarsi la fedeltà dei soldati promettendo loro un premio in denaro […]».

A questo proposito dobbiamo subito precisare che le fonti antiche, per non parlare di quelle cristiane e ancor più di quelle medievali, sono in molti casi del tutto inattendibili per quanto riguarda il giudizio umano e politico su Nerone e sulla sua azione di governo. Sappiamo che, per motivi che vedremo meglio nel corso di quest'opera, Nerone è diventato il prototipo del peggior imperatore per tutta una classe aristocratica della Roma dell'epoca (alla quale appartenevano diversi storici antichi) e per i cristiani delle origini.

Essendo di fatto l'esempio di quanto di negativo potesse incarnare una persona per gli storici romani e per il maggior gruppo di opinione del mondo occidentale (i cristiani nel medioevo), possiamo ben immaginare come sia difficile oggi come oggi separare il vero dalla calunnia, se non addirittura dal falso storico. Anche perché in molti casi gli storici delle epoche antiche e medievali erano molto lontani dall'assumere un metodo rigoroso e scientifico nelle loro ricerche, tanto che spesso i testi dell'epoca ci raccontano una versione idealizzata, se non addirittura apertamente politicizzata, della storia.

Comunque siano andate le cose sappiamo con certezza che nel 41 d.C., all'indomani dell'uccisione di Caligola, Agrippina può finalmente tornare a frequentare Roma e il palazzo imperiale, per lei è finalmente giunto il mondo di dare via libera alla sua complessa trama di complotti e inganni.

Tornata a Roma, la madre di Nerone realizza in fretta che nessun disegno politico di alto livello può essere messo in atto senza un congruo capitale finanziario. Pochi mesi dopo il suo rientro dunque sposa il ricchissimo console Crispo Passieno, che in precedenza era stato sposato con Domizia Lepida.

Passano alcuni anni durante i quali Nerone viene affidato alle cure di due liberti, Aniceto e Berillo, per poi proseguire gli studi con due sapienti dell'epoca, Cheremone d'Alessandria e Alessandro di Ege. Furono proprio questi due grandi studiosi che con ogni probabilità fecero maturare nel giovane principe il gusto per la cultura e le usanze elleniche.

Sul finire degli anni '40 del primo secolo Agrippina riesce ad avvicinarsi sempre di più all'imperatore Claudio. Quando capisce di avere la possibilità di sposarlo decide di far piazza pulita di ogni possibile ostacolo, ed ecco che iniziano a verificarsi una serie di "strani incidenti", chiamiamoli così…

Il primo a morire in circostanze misteriose è Crispo Passieno, il ricchissimo marito di Agrippina, che naturalmente lascia in eredità alla vedova sconsolata un'ingente fortuna. A questo punto tra Agrippina e lo zio Claudio, ormai obiettivo dichiarato della madre di Nerone, resta soltanto la moglie Messalina, che quando aveva appena 14 anni era stata costretta per capriccio dell'imperatore Caligola a sposare Claudio, che all'epoca aveva già più di 50 anni.

Anche Messalina comunque, proprio come Agrippina, era una donna senza scrupoli e pronta a tutto pur di conquistare il potere, non si trattava certo di una sprovveduta. Il suo più grande desiderio era quello di mettere sul trono imperiale il figlio Britannico e per questo non aveva esitato ad eliminare fisicamente ogni potenziale nemico, suo o del figlio.

Com'è possibile vedere dunque la corte imperiale romana non era certo un ambiente facile anzi, si può dire tranquillamente che fosse una vera giungla in cui riusciva a sopravvivere e a prosperare soltanto il più forte dato che la "selezione naturale" era durissima e spietata. Non ci si poteva fidare di nessuno, tutti erano pronti al tradimento, all'omicidio, alla congiura, tanto che ogni passo falso poteva risultare fatale.

Nel 48 d.C Messalina, che nel frattempo aveva collezionato decine di amanti, decide di iniziare una relazione pubblica con Gaio Sillio. Informato della cosa Claudio ordina di far uccidere i due amanti, forse timoroso che Gaio potesse tentare di succedergli accampando una qualche legittimità a causa della relazione con Messalina. La tradizione romana narra che Messalina venne raggiunta da un tribuno militare al soldo dell'imperatore che l'afferrò per i capelli e la trafisse senza pietà con la spada esclamando:

«Se la tua morte sarà pianta da tutti i tuoi amanti, piangerà mezza Roma!».

Sparita dalla scena la temibile rivale Agrippina ha finalmente campo libero e porta il suo attacco finale al vecchio zio Claudio, con sui si sposa nel 49 d.C. Tutto ciò che le resta da fare adesso è assicurarsi di essere anche la madre dell'erede al trono, ma bisogna essere prudenti, non è il caso di fare il passo più lungo della gamba perché come abbiamo visto a corte basta poco per essere eliminati o per finire vittime di qualche sfortunato "incidente". Nerone inoltre è ancora molto piccolo, ha appena undici anni, e i tempi non sono ancora maturi per la sua salita al trono.

UN PIANO DIABOLICO

Nel 49 d.C. il filosofo Seneca venne richiamato dal suo esilio in Corsica dall'imperatore Claudio. Agrippina infatti vuole che sia proprio Seneca, uno dei simboli della latinità antica, l'educatore e il mentore del giovane Nerone.

Seneca era senza un big della cultura del suo tempo, per tanto farlo diventare tutore di un giovane rampollo dell'aristocrazia romana aveva il sapore di una dichiarazione di guerra palese da parte Agrippina a chiunque avesse una qualche ambizione di potere. L'obiettivo di quella mossa era chiaro: Nerone, proprio come Alessandro Magno che era stato educato da Aristotele, sarebbe diventato il nuovo Cesare grazie agli insegnamenti di Seneca. Nelle intenzioni di Agrippina Nerone era il predestinato, colui il quale sarebbe stato forgiato con l'unico scopo di diventare l'uomo più potente del mondo. Questo ormai appariva chiaro a tutti.

Nel 50 d.C Agrippina porta a termine quella che probabilmente resta la sua operazione politica più raffinata e incisiva. In quell'anno infatti riesce a far adottare Nerone da Claudio che, in buona sostanza, diventa suo prozio e padre allo stesso tempo. Quella che può apparire come un'operazione di poco conto ha in realtà una valenza politica enorme, vediamo perché.

Essere riconosciuto come figlio dell'imperatore ufficialmente infatti permette a Nerone di avanzare legittime pretese sul trono qualora questo sia reso vacante per qualunque motivo. Agrippina non si ferma mai, continua a tessere la sua tela di intrighi e inganni per coronare la sua brama insaziabile di potere. Per molti aspetti è lei la protagonista di questa prima fase della storia, non c'è dubbio infatti che la figura di questa donna straordinaria oscuri tutti gli altri personaggi sulla scena, Nerone compreso. Ma cosa sappiamo di Nerone in quegli anni? Ben poco.

Quello che sembra chiaro, per lo meno rileggendo la sua biografia degli anni a venire, è che Nerone amava profondamente l'arte, la poesia ed in generale la cultura classica greca. Non dimostrò mai invece particolare interesse per la vita militare e sicuramente preferiva i poemi ai campi di battaglia. Quello che possiamo dare per certo è che Nerone era legato da un grandissimo affetto verso la zia Domizia Lepida, forse l'unica persona ad averlo amato di un amore sincero fin da piccolo.

Paradossalmente proprio per questo, forse temendo che interferisse con i suoi piani di potere, Agrippina fa incriminare Domizia Lepida con l'accusa di aver complottato contro l'imperatore e la fa uccidere.

Quando Nerone ha appena 16 anni sua madre lo costringe a sposarsi con Ottavia, la figlia di Claudio, e quindi da un punto di vista teorico sua sorellastra. Quel giorno dunque Nerone in un colpo solo diventa pronipote, figlio e genero dell'imperatore. In poche parole è lui il candidato più sicuro a prendere il posto di Claudio anzi, si può dire che sia l'unico candidato tanto che ormai è palese a tutti che si dovrà soltanto aspettare per vedere Nerone sul trono. Come se non bastasse Agrippina riesce anche a creare un solco profondo tra Britannico, il figlio di Claudio e Messalina, e l'imperatore. Britannico, peraltro, molto probabilmente era stato già estromesso dalla successione al trono per motivi di salute, ma potenzialmente poteva comunque rappresentare un pericoloso rivale per il figlio di Agrippina. La matrona romana a questo punto si assicura non solo che suo figlio abbia gli insegnanti migliori, ma arriva anche a licenziare quelli di Britannico sostituendoli con suoi uomini di fiducia.

Nel 54 d.C Agrippina decide che i tempi sono maturi e rivolge le sue pericolose attenzioni all'anziano marito: è giunto il momento di consegnare a Roma un nuovo imperatore. Non può e non vuole aspettare che il consorte muoia di morte naturale, si tratta di uno scenario pericoloso e, soprattutto, con troppe variabili che non possono essere controllate. Continuare ad aspettare potrebbe rivelarsi una mossa suicida dato che potrebbero intervenire elementi inaspettati capaci di rovinare in maniera irrimediabile i piani di Agrippina. Senza tener conto che potrebbero addirittura passare degli anni prima che Claudio muoia, anni durante i quali Nerone potrebbe essere vittima di un incidente, o di qualche malattia. Non va dimenticato che a quei tempi l'età media era molto più bassa di oggi dato che le condizioni di vita molto difficili e le scarse conoscenze mediche facevano sì che soltanto i più forti sopravvivessero.

Secondo la tradizione arrivata fino a noi Agrippina decide dunque di avvelenare il marito. Per riuscire nell'impresa si affida a Locusta, un'esperta di veleni e pozioni tossiche, un personaggio molto suggestivo e ambiguo che potremmo quasi definire una "strega". Claudio viene avvelenato durante un pranzo con una pietanza a base di funghi ma, inaspettatamente, il fisico dell'anziano imperatore si rivela essere molto più resistente del previsto. Agrippina sa bene che se Claudio riuscisse a sopravvivere per lei e per i suoi piani sarebbe la fine, nessuno crederebbe alla disgrazia naturale e tutti i sospetti cadrebbero inevitabilmente su di lei. Fa allora chiamare il medico Senofonte, anch'egli nel libro paga della perfida madre di Nerone, che con la scusa di somministrare all'imperatore un farmaco lo costringe a bere una dose fatale di veleno. Claudio muore il 2 ottobre del 54 d.C. Nerone viene acclamato imperatore il giorno dopo.

NERONE

UN IMPERATORE DIVERSO

A soli 17 anni Nerone arriva finalmente a sedere sul trono di uno degli imperi più grandi e potenti che la storia ricordi. Contrariamente a molti imperatori venuti prima e dopo di lui non ha nessuna esperienza di tipo militare, cosa che gli procura fin da subito l'astio e la diffidenza dell'esercito romano.

Nerone è un ragazzo imbevuto di una cultura che oggi definiremmo internazionale che, nel suo caso, si traduceva in una forte influenza del pensiero greco, ma non va sottovalutato l'impatto della cultura egizia nella formazione del giovane imperatore. Anche nell'aspetto Nerone cerca di assomigliare a un intellettuale ellenico e, infatti, cosa inusuale tra i romani ricchi dell'epoca, si fa crescere una elegante barbetta che gli incorona il volto. Secondo alcune fonti durante i primi mesi del suo regno si sarebbe divertito a vestirsi da povero per andare assieme a degli amici a far baldoria nei peggiori bordelli della capitale passando le sue nottate tra sbronze, risse e prostitute. Ancora una volta però dobbiamo ricordare che non vi sono elementi certi per sostenere queste ricostruzioni che, anzi, paiono piuttosto dettate dalla volontà di distruggere la figura di Nerone anche con episodi e storie tutto sommato poco credibili.

Tanto per dirne una è difficile immaginare come una donna attenta a ogni minimo dettaglio come Agrippina abbia potuto tollerare un comportamento tanto pericoloso. Non va dimenticato che Agrippina continua a tenere la situazione sotto controllo, dato che il vero scopo del suo piano fin dall'origine era quello di poter detenere il potere supremo manovrando il figlio giovane e inesperto.

Nonostante tutto il regno di Nerone viene salutato con grande entusiasmo un po' da tutti, soprattutto dagli strati più umili della popolazione. Data la sua giovane età si spera infatti che sia rimasto immune dalla corruzione e dalle lotte di potere che da anni affliggevano la corte imperiale romana, come abbiamo già avuto modo di vedere.

Il suo primo discorso pubblico pronunciato da Nerone e scritto da Seneca è un vero e proprio capolavoro di realpolitik. In quell'occasione Nerone si rivolge alla folla promettendo che avrebbe restituito al senato i suoi poteri e le sue prerogative quali erano durante l'epoca di Augusto. Allo stesso tempo promette chiaramente di non commettere gli errori tipici dei suoi predecessori, in particolare Claudio, colpevole di aver confuso la gestione dell'Impero Romano con quella della sua famiglia. Non c'è dubbio che si tratta di un colpo da maestro: così facendo infatti riesce ad evitare uno scontro con il Senato, che infatti lo lascerà libero di agire per gran parte del suo regno, e allo stesso tempo trasmette un messaggio di calma e moderazione a tutti i cittadini dell'impero.

Da questo momento in poi Nerone e Agrippina iniziano a regnare assieme quasi fossero consorti, tanto è vero che già nell'antichità vi fu chi avanzò l'ipotesi che tra i due vi potesse essere qualcosa di più scabroso di un semplice rapporto tra madre e figlio, ma nessuno è mai riuscito a dimostrare che tra i due ci fosse una relazione incestuosa.

Il rapporto tra madre e figlio, però, non è destinato a mantenersi solido e collaborativo: la madre dell'imperatore non tollera nessuna interferenza, vuole comandare da sola. Per lei Nerone è solo uno strumento, un "pupo" da muovere a suo piacimento tirando ora un filo, ora un altro. Fa sì che suo figlio creda di comandare, ma di fatto alla guida di Roma c'è un'Imperatrice, per questo lascia che Nerone coltivi i suoi studi poetici e cerca il più possibile di tenerlo lontano dalle stanze in cui si amministra il vero potere.

Nerone però non è così stupido come crede sua madre e, un po' alla volta, inizia a ricoprire in maniera sempre più autonoma il suo ruolo. Proprio per questo motivo l'Imperatore comincia a preferirle come consiglieri Sesto Afranio Burro e il suo mentore Seneca, mettendo di fatto la madre in un angolo, situazione che per Agrippina è impensabile. Le cose peggiorano quando il giovane imperatore inizia a tradire la moglie Ottavia con una giovane liberta, la bella Atte.

Agrippina ormai non ha più dubbi, capisce perfettamente di essere in difficoltà e esercita forti pressioni su Nerone, arrivando addirittura ad avvicinarsi a sorpresa al giovane Britannico, suo figliastro. Agrippina sarebbe stata tanto diabolica da uccidere suo figlio per far salire al trono Britannico, un altro manichino da governare a suo piacimento? Probabilmente sì, ma non ne ebbe il tempo.

Nerone infatti conosce molto bene Agrippina e, sempre più insofferente nei confronti della madre, non si fa nessun problema a togliere di mezzo Britannico avvelenandolo durante un pranzo. Questo episodio è senza dubbio un punto di non ritorno nel rapporto tra Nerone e sua madre, potremmo dire che di fatto l'uccisione di Britannico segni l'inizio di una guerra aperta tra madre e figlio.

Nerone da questo momento toglie ogni protezione armata alla madre e la fa addirittura allontanare dalla corte, umiliandola pubblicamente. Prende quindi come nuova amante Poppea Sabina (descritta da tutti gli storici antichi come una donna bellissima ma, allo stesso tempo, completamente vuota di ideali e sentimenti), la quale istiga il suo giovane amante

a sbarazzarsi definitivamente di sua moglie Ottavia
e della stessa madre Agrippina. Poppea del resto
ha perfettamente intuito che Nerone non avrebbe mai
avuto il coraggio di divorziare da Ottavia, perlomeno
fino al momento in cui sua madre Agrippina fosse
stata ancora viva...

MATRICIDIO

Nerone, sobillato da Poppea, inizia a rendersi conto che non ha più bisogno della madre per governare. Anzi, la presenza di Agrippina diventa sempre più ingombrante tanto che l'Imperatore decide di liberarsene nell'unico modo in cui a corte ci si liberava degli avversari scomodi o degli oppositori, ovvero con un omicidio. Agrippina però prima ancora che essere una delle nobildonne più in vista della Roma del tempo, era la madre dell'imperatore. Non era una donna come le altre. Per questo motivo non era possibile eliminarla come si sarebbe eliminato un qualsiasi avversario politico, bisognava essere molto più cauti.

Nerone è costretto ad escogitare un piano elaborato per simulare un incidente in modo da evitare qualsiasi polemica. Decide allora di ordinare in segreto la costruzione di una barca progettata appositamente per affondare durante la navigazione, un perfetto "incidente" per poter piangere la madre senza destare alcun sospetto nell'opinione pubblica. Per portare a termine questo piano diabolico vengono nascosti dei pesantissimi blocchi di piombo nella stiva. Al momento opportuno un complice dell'Imperatore taglierà le corde che sostengono i pesi lasciandoli cadere con violenza sopra al fragile scafo di legno e aprendo così una falla che farà affondare in fretta la nave senza lasciare nessun superstite.

Invitata la madre nei pressi di Baia (oggi provincia di Napoli), a fine serata Nerone saluta tutti: è costretto a rientrare a Roma via terra, ma offre gentilmente alla madre la possibilità di utilizzare la sua nave personale per tornare con calma a Roma. Pochi minuti dopo scatta il diabolico piano per eliminare Agrippina. Non appena i pesi sfondano lo scafo nave inizia velocemente a imbarcare acqua, e così Agrippina e la sua amica Acerronia Pollia, che l'aveva accompagnata alla cena, precipitano in mare insieme al resto dell'equipaggio.

Acerronia inizia a gridare ai marinai che giungevano di essere Agrippina per essere tratta in salvo. Quegli uomini però sono stati inviati da Nerone e hanno ordini ben precisi da eseguire, così la uccidono senza pietà colpendola alla testa con i remi con la certezza di aver eliminato la madre dell'Imperatore.

Agrippina nonostante il buio vede tutto e capisce in pochi secondi che è meglio non farsi trovare da quei "salvatori". È in condizioni critiche a causa di una serie di ferite riportate durate il naufragio, ma riesce comunque ad allontanarsi silenziosamente a nuoto finché, per sua fortuna, alcuni pescatori la salvano conducendola in una villa piuttosto isolata nei pressi del lago Lucrino. Non appena Nerone viene a sapere che la madre è sopravvissuta inizia a temere che la donna possa vendicarsi, tanto che invia dei sicari ad ucciderla. Lui meglio di chiunque altro infatti sa di cosa può essere capace Agrippina. Si rende perfettamente conto che adesso soltanto uno di loro due sopravvivrà. Per Agrippina questa volta però non ci sono speranze, Nerone è deciso a chiudere i conti in maniera definitiva. La donna, vistasi spacciata, grida ai suoi assassini "ventrem feri", ovvero "colpisci il ventre", come se volesse indicare che la ferissero proprio in quel ventre da cui era nato il suo assassino.

Ecco la spiegazione storico-politica che fa Giovanni D'Anna di questo drammatico episodio e, più in generale, del violentissimo e sanguinario scontro di potere tra Nerone e sua madre Agrippina:

«Anche il contrasto fra Agrippina e Nerone, che la storiografia antica ha presentato come un drammatico scontro di forti personalità, è connesso a una diversa concezione di governo: Agrippina, cosciente del fatto che Nerone era arrivato al trono solo grazie a lei, tendeva ad avere un ruolo primario nella direzione degli affari di stato, come sotto Claudio avevano avuto i potentissimi liberti (e non a caso Agrippina seguitava ad appoggiarsi a Pallante), mentre Nerone, con l'aiuto di Seneca e di Burro, impose il rispetto della costituzione augustea, restituendo maggior potere al senato e alle magistrature ufficiali. Da un lato Nerone riuscì a limitare la potenza e il prestigio della madre, ad allontanare Pallante, a liberarsi di Britannico e, nel 59, dopo essersi legato a Poppea, arrivò a concepire e a realizzare il matricidio, ma già in precedenza egli aveva avuto un grave conflitto al senato, in occasione della riforma dell'erario e di altri provvedimenti, con i quali egli cominciò ad attuare la sua politica personale, che tendeva all'autocrazia. A ben riflettere, non appare casuale che Nerone abbia compiuto il matricidio dopo il 58, anno in cui si era verificata la rottura con il senato: proprio Tacito, al contrario di Cassio Dione, attesta l'estraneità di Seneca al progetto del matricidio e l'uscita di Trasea Peto dal senato in segno di dissenso avvenne in occasione della lettura del messaggio con cui Nerone, contro l'evidenza, tentava di addossare alla madre la colpa del conflitto col figlio e la responsabilità della sua tragica fine [...]».

Anche Tacito, una delle fonti principali sulla vita di Nerone insieme a Svetonio e a Cassio Dione, racconta la congiura ai danni di Agrippina:

«Nerone attendeva la notizia dell'avvenuto delitto. Gli annunciarono invece che se l'era cavata con una lieve ferita, ma che la gravità del rischio corso non lasciava dubbi sul mandante. Morto di paura, lamentava che da un momento all'altro sarebbe corsa alla vendetta: poteva armare gli schiavi o sollevare l'esercito oppure coinvolgere il senato e il popolo, denunciando il naufragio, le ferite e i suoi amici uccisi; e lui che vie d'uscita aveva?

A meno che non inventassero qualcosa Burro e Seneca che subito aveva mandato a chiamare: e non si sa se fossero già in precedenza informati. Stettero a lungo in silenzio, per non pronunciare inutili dissuasioni, perché pensavano che, a quel punto, se non si preveniva Agrippina, per Nerone era la fine.

Poi Seneca fu più pronto, perché guardò Burro in viso e gli chiese se si doveva impartire ai soldati l'ordine di ucciderla. Burro rispose che i pretoriani, devoti a tutta la casa dei Cesari e memori di Germanico, non avrebbero osato nessuna violenza contro una persona del suo sangue: toccava ad Aniceto mantenere gli impegni. Questi non ebbe esitazioni nel rivendicare a sé l'esecuzione finale del delitto.

A queste parole Nerone esclama che finalmente in quel giorno gli si dava l'impero; che un dono così grande lo doveva a un liberto: andasse subito, portandosi gli uomini più decisi a obbedire. Quanto a sé, saputo dell'arrivo di Agermo, il messo di Agrippina, prende l'iniziativa di architettare la messinscena di un delitto e, mentre costui gli recita il messaggio, gli butta fra i piedi una spada e poi dà ordine di arrestarlo, quasi l'avesse colto sul fatto, per far credere che la madre avesse tramato l'assassinio del figlio e che poi, scoperto l'attentato, si fosse, per la vergogna, data la morte.

Diffusasi intanto la voce del pericolo - e lo si pensava casuale - corso da Agrippina, la gente, nell'apprenderlo, si riversava sulla spiaggia. Chi si affollava sul molo, chi saliva sulle barche più vicine, alcuni scendevano, fin dove possibile, in acqua, altri tendevano le braccia. Tutta la spiaggia echeggiava di lamenti, di preghiere, del vociare tra domande molteplici e risposte confuse; affluiva una folla sterminata con lumi e, quando si sparse la voce ch'era incolume, le mosse incontro per rallegrarsi con lei, finché non apparve un reparto in armi e minaccioso, che la disperse.

Aniceto dispone uomini di guardia attorno alla villa e, sfondata la porta, trascina via gli schiavi che incontra, fino a giungere alla soglia della camera. Lì davanti c'erano poche persone: gli altri erano fuggiti, spaventati dall'irruzione dei soldati.

Nella stanza c'erano solo un lume fioco e un'unica ancella e Agrippina in ansia crescente, perché nessuno veniva da parte del figlio, e neppure Agermo; ben altri sarebbero stati - intuiva - i segni di una buona notizia; ora c'era invece il deserto attorno, strepiti improvvisi e gli indizi ch'era giunta l'ultima ora. Quando l'ancella accenna ad andarsene, «Anche tu mi abbandoni» - pronuncia - e guarda Aniceto, affiancato dal trierarca Erculeio e dal centurione di marina Obarito: se erano venuti - gli dice - a vederla, riferisse pure a Nerone che s'era ripresa; se a compiere un delitto, non aveva sospetti sul figlio: non poteva avere ordinato il matricidio. I sicari circondano il letto e prima il trierarca la colpì, con una mazza, al capo. Al centurione che brandiva la spada, per finirla, protendendo il grembo: «Colpisci il ventre!», esclamò, e morì crivellata di colpi».

FINALMENTE SOLO

Pare che Nerone non si sia nemmeno reso conto della gravità del fatto se non dopo che il delitto era stato compiuto. Distrutto dal rimorso e in preda agli incubi si convince ben presto di essere perseguitato dal fantasma della madre. Arriva persino a far chiamare degli occultisti persiani affinché lo liberassero da quella sinistra presenza che lo tormenta infestando i suoi sogni. Secondo gli storici romani è in questo periodo che il giovane imperatore inizia a comportarsi in maniera sempre più paranoica e strana.

Nello stesso anno del matricidio muore anche Burro: secondo lo storico latino Svetonio si tratta dell'ennesimo omicidio commissionato da Nerone, altri storici invece sono propensi a credere che si tratti di morte naturale per malattia. Anche Seneca intanto decide di farsi da parte: inizia ad avere i primi contrasti con Nerone, che mal sopporta il suo vecchio mentore. Per di più il filosofo romano teme l'odio del popolo che era molto affezionato ad Agrippina in quanto figlia di un eroe romano come Germanico. È in questo periodo che lo spietato Tigellino diventa prefetto del pretorio.

Nerone indice giochi e spettacoli teatrali per il popolo ai quali spesso e volentieri partecipa come attore o addirittura declamando versi di sua stessa composizione. Quando si esibisce l'imperatore a nessuno è permesso lasciare il teatro nella maniera più assoluta.

Si racconta che durante le sue esibizioni una donna partorì sui gradini del teatro e che molti spettatori stanchi ed esasperati si fingessero addirittura morti pur di essere portati fuori. È importante sottolineare che per la mentalità dell'epoca era considerato scandaloso e vergognoso che un patrizio romano si dedicasse al teatro o alla poesia, figuriamoci un imperatore.

Poco a poco l'élite nobiliare di Roma ed il Senato iniziano a prendere le distanze da quello che reputano un incapace da un punto di vista politico-militare e che, per giunta, si mette anche continuamente in ridicolo di fronte a tutta la città. Nerone, invece, non è affatto uno stupido e capisce che per ottenere il consenso di cui ha bisogno per poter governare deve agire in maniera concreta sulla massa. Inizia allora a sovvenzionare spettacoli ed eventi sportivi che vengono offerti ai cittadini di ogni angolo dell'impero con frequenza sempre maggiore, secondo la ferrea logica del panem et circenses che diventerà ben presto una precisa caratteristica della Roma imperiale, ma anche di tantissime dittature e governi per i secoli a seguire in ogni parte del globo.

Nerone dà il via anche alla costruzione di imponenti opere pubbliche: bagni e palestre compaiono a Roma e in altre località dell'impero. Quando ha bisogno di risorse finanziarie non esita a tassare i ricchi possidenti accaparrandosi i favori dei meno abbienti. In questo modo però si incrinano in maniera irreparabile i rapporti con il patriziato romano che, non possiamo dimenticarlo, era comunque la classe sociale che da secoli decideva di fatto le sorti di Roma.

Ofonio Tigellino è un politico di vecchio corso (era già stato esiliato da Caligola perché ritenuto colpevole di aver commesso adulterio con Agrippina), sa muoversi bene tra le trame di palazzo e, soprattutto, è un uomo privo di scrupoli. Come abbiamo detto poco sopra è lui il nuovo prefetto del pretorio nominato dall'Imperatore, di fatto sostituendo il ruolo che aveva avuto Seneca nei confronti di Nerone e diventando così il suo consigliere politico. Ironia della sorte pochi anni dopo Tigellino tradirà senza troppe remore proprio quell'imperatore che gli aveva dato tutto.

Tigellino capisce molto in fretta che per entrare nelle grazie di un sovrano tanto paranoico non servono preziosi e raffinati consigli politici, quelli per capirsi che dava Seneca, ma vere e proprie azioni violente. Per conquistare il cuore e la protezione di Nerone c'è bisogno di eliminare quelli che lui ritiene i suoi peggiori nemici, di coltivare i peggiori istinti dell'imperatore, di dare dimostrazioni di forza che non ammettano repliche.

Ma leggiamo direttamente lo storico romano Tacito racconta queste vidence.

«Cresce invece ogni giorno il potere di Tigellino. Consapevole che i suoi biechi metodi, in cui stava la sua unica forza, potevano essere meglio apprezzati, se avesse coinvolto il principe in una complicità di delitti, si mette a spiare le paure di Nerone; e, scoperto che l'oggetto massimo dei suoi timori erano Plauto e Silla, confinati di recente, il primo in Asia, l'altro nella Gallia Narbonense, parla della loro nobiltà, sottolineando che a Plauto erano vicini gli eserciti d'Oriente e a Silla quelli della Germania.

Quanto a sé - attestava - non aveva, a differenza di Burro, mire inconciliabili, ma guardava solo all'incolumità di Nerone; a proteggerlo dalle insidie di Roma bastava la sua quotidiana vigilanza; ma come soffocare ribellioni lontane?

Al nome di Silla, ch'era quello di un dittatore, le Gallie erano in fermento e non meno all'erta erano i popoli d'Asia per la fama di Druso, avo di Plauto. Silla era povero, fonte questa di sconfinata audacia, e si fingeva pigro in attesa dell'occasione per un gesto temerario. E Plauto, con le sue grandi ricchezze, non fingeva neppure il desiderio di una vita appartata, ma si piccava di imitare i Romani antichi, con in più la protervia degli Stoici, una setta che rendeva gli uomini sediziosi e intriganti sul piano politico. Non si indugiò oltre [...]».

Tigellino non ci pensa due volte e invia prontamente dei sicari che raggiungono e uccidono Plauto e Silla senza nessuna pietà. Le loro teste vengono inviate a Roma dove, sempre stando alla tradizione classica, l'imperatore le deride con fare impertinente e sfacciato.

A questo punto però c'è un problema, bisogna annunciare pubblicamente la morte di due personaggi in vista come Plauto e Silla. Nerone decide di giocare d'anticipo e scrive una lettera al Senato nella quale produce una serie di prove ed indizi fasulli su una congiura con a capo i due malcapitati che, a questo punto, diventano per tutti nemici dichiarati di Roma. Quando ormai l'opinione pubblica si è convinta che i due siano colpevoli Nerone rende pubblica la notizia della loro morte e viene applaudito e acclamato per la sua lungimiranza politica.

Poco dopo Nerone divorzia da Ottavia accusandola di essere sterile e la manda in esilio in Campania. Non sono passati che pochi giorni che Nerone si risposa, questa volta con la bellissima e temutissima Poppea. La nuova moglie del sovrano non piace a nessuno, soprattutto al popolo, che rimane affezionato ad Ottavia. Poppea del resto non fa nulla per farsi amare, anzi si comporta in modo eccentrico e spudorato alimentando ogni tipo di diceria da parte del popolo e dei patrizi. Sono rimasti celebri i suoi bagni di bellezza nel latte d'asina, pratica peraltro già utilizzata da Cleopatra che sembra che possedesse addirittura una mandria di 700 asine per avere sempre latte fresco a disposizione.

Ecco cos'ha scritto a questo proposito lo storico Plinio il Vecchio:

«[…] Si ritiene che il latte d'asina elimini le rughe dalla pelle del viso e la renda più morbida e bianca e si sa che certe donne vi si curano le gote sette volte al giorno, facendo bene attenzione a questo numero. Fu Poppea, la moglie dell'imperatore Nerone a inaugurare questa moda, facendone uso anche per il bagno, e per questo in viaggio si portava indietro mandrie di asine […]»

Tra l'altro la scienza moderna ha confermato queste teorie antiche per cui il latte d'asina fosse garanzia di bellezza, tanto che ancora oggi viene utilizzato moltissimo nella produzione di saponi e creme idratanti: l'alta quantità di acido lattico presente nel latte d'asina, infatti, svolge una delicata funzione esfoliante che elimina la pelle morta. Dopo un bagno nel latte d'asina quindi la pelle non solo è rigenerata, ma torna liscia e levigata come il velluto. Se anche voi siete curiosi di provare questo antico elisir di bellezza non dovete far altro che procurarvi un litro di latte d'asina da diluire nella vostra vasca da bagno. Perché il latte d'asina sia efficace al massimo la temperatura dell'acqua deve essere preferibilmente intorno ai 38° C.

Ma torniamo al nostro Imperatore. Forse spinto da Poppea Nerone si convince che Ottavia rappresenta un problema tutt'altro che trascurabile anche se in esilio. La sua popolarità tra gli strati più bassi della plebe e i suoi natali infatti la rendono particolarmente insidiosa. Se Ottavia si risposasse suo marito potrebbe in fretta godere di una grossa popolarità. Si tratterebbe dunque di un potenziale candidato al torno e Nerone teme di doversi confrontare con un avversario legittimato e popolare alla guida dell'impero.

Come abbiamo visto in precedenza la corte imperiale romana era un vero e proprio covo di serpenti a sognagli: nessun dettaglio veniva trascurato, nessun particolare veniva ignorato, tutto veniva soppesato con estrema attenzione e non si esitava a passare ad azioni estreme pur di conservare o di raggiungere il potere. Bastava una mossa falsa e si era finiti e, quindi, Ottavia viene trasferita in una località deserta ed inospitale. Contro di lei vengono poi confezionate accuse di adulterio per una presunta tresca della donna con un soldato che conferma il tradimento dietro ricompensa. Ma perfino l'esilio non è sufficiente per l'imperatore che, soltanto pochi giorni dopo, ordina che la sua ex moglie venga assassinata. Le proteste di non essere più la moglie ma la sorellastra di Nerone non frenano minimamente il piano diabolico dell'imperatore. Le suppliche ai parenti Germanici della cui famiglia entrambi facevano parte non sortiscono alcun effetto. L'invocazione ad Agrippina, che da viva l'aveva scelta come moglie del figlio, senza poterne prevedere la condanna a morte, non serve a nulla, la condanna a morte è irrevocabile.

Ottavia viene incatenata e le vengono aperte le vene, ma poiché per il terrore che stava sconvolgendo la povera donna il sangue usciva troppo lentamente dal suo corpo si decide di immergerla in un bagno caldissimo. Anche questa volta il cadavere viene decapitato e la testa viene spedita nella capitale dell'impero. Il destinatario di quel macabro pacco però non è Nerone. La testa di Ottavia viene spedita a Poppea che vuole godere di quell'osceno e orribile trofeo. È l'8 giugno dell'anno 62 d.C.

Nel 63 d.C Nerone e Poppea hanno una figlia, Claudia Augusta, che muore però mentre è ancora in fasce.

Nel 64 d.C (per altre fonti nel 65 d.C) la stessa Poppea muore per un non meglio identificato incidente in gravidanza. La tradizione degli storici classici ci racconta come sia stato lo stesso Nerone a uccidere la moglie mentre era in attesa del loro secondo figlio prendendola a calci durante uno sfogo d'ira. Distrutto dal dolore o forse in preda al rimorso Nerone ordina di trovare un'altra donna uguale a Poppea. Dopo lunghe ed affannose ricerche i suoi emissari trovano Sporo, il cui volto assomiglia in maniera incedibile a quello dell'imperatrice defunta. C'è solo un piccolo problema: Sporo è un giovane liberto di sesso maschile. A quanto pare la cosa però non disturba affatto Nerone che dà ordine ai suoi chirurghi di castrarlo e di trasformarlo in una donna, dopo di che sposa la sua nuova moglie.

Secondo alcune fonti Sporo riceve tutti gli ornamenti propri delle imperatrici e viene insignito anche del titolo di Augusta. Come se e non bastasse accompagna Nerone in tutte le visite ufficiali creando non pochi imbarazzi a corte e tra i senatori.

Lo storico Cassio Dione ricostruisce bene tutta la vicenda:

«A Sporo Nerone poi aveva dato il nome di Sabina Poppea, non solo perché lo aveva evirato a causa della enorme somiglianza con la sua defunta moglie, ma anche perché lo aveva sposato in Grecia durante un rito solenne. E Tigellino, rispettando le leggi, aveva celebrato quelle nozze con tutti i crismi.

Si trattò di un matrimonio solenne con tutto il popolo greco che si felicitò e fece voti perché da quell'unione potessero nascere figli legittimi.

In quel tempo dunque Nerone aveva Sporo come moglie, ma anche Pitagora come marito. E così oltre a tutti gli altri titoli di cui si poteva fregiare adesso poteva anche vantarsi del titolo di "regina" e "padrona". E nessuno si meravigliava di quel folle comportamento dato che stiamo parlando dello stesso Nerone che abitualmente denudava fanciulli e fanciulle e, dopo averli legati a dei pali, si gettava su di loro come una belva ricoprendosi di pelli di animale finché non aveva saziato la sua libidine disumana [...]».

Quella di Sporo è considerata la prima operazione transgender della storia, per lo meno la prima che sia stata documentata in maniera ufficiale e che sia stata presentata come tale in pubblico.

Come abbiamo visto Cassio Dione scrive che Nerone prima di sposare Sporo sarebbe convolato a nozze anche con un altro uomo di nome Pitagora. Tutti particolari che, com'è molto facile immaginare, contribuirono non poco a creare il mito dell'imperatore folle e maledetto nel corso dei secoli.

ROMA BRUCIA

La notte del 18 luglio del 64 d.C a Roma scoppia un tremendo incendio che dura per nove giorni devastando l'intera città. Dalla zona del Circo Massimo, primo focolaio dell'incendio, le fiamme si propagano ben presto nel resto della capitale. Ben dieci dei quattordici quartieri che formavano la città di Roma vengono interessati dalle fiamme in maniera più o meno grave, tre vengono addirittura cancellati (Isis, Serapis, Circo Massimo e Palatino). Si salvano soltanto il quartiere Esquilino, Porta Capena, Alta Semita e Trastevere. Si racconta che vennero completamente distrutte 4.000 *insulae* (le case popolari) e 132 *domus* (le lussuose abitazioni dei patrizi).

Come in gran parte delle città dell'epoca, anche a Roma gli incendi si verificavano con una certa frequenza a causa della tipologia costruttiva degli edifici antichi che comprendevano numerose parti in legno (solai, soprelevazioni, ballatoi e sporgenze) e utilizzavano in gran parte per l'illuminazione e la cucina (oppure per il riscaldamento) fiamme libere. Le vie inoltre erano estremamente tortuose e lo stretto accostarsi delle *insulae* facilitava la propagazione delle fiamme in maniera molto rapida.

Nerone al momento dello scoppio dell'incendio si trova ad Anzio ma, una volta appresa la notizia della tragedia, torna in fretta a Roma. Secondo alcune fonti si sarebbe preoccupato addirittura di soccorrere i senzatetto e le vittime dell'incendio, aprendo i monumenti del Campo Marzio, allestendovi dei baraccamenti e facendo arrivare viveri dai dintorni. Il prezzo del grano sarebbe stato inoltre abbassato a tre sesterzi il moggio per evitare che la crisi si facesse ancora più grave.

Tali provvedimenti, emessi secondo Tacito per ottenere il favore popolare, non avrebbero tuttavia raggiunto lo scopo desiderato a causa della diffusione di una diceria secondo la quale l'imperatore si era messo a cantare della caduta di Troia davanti all'infuriare dell'incendio visibile dal suo palazzo. Già poche ore dopo che le fiamme erano state domate si era infatti sparsa la voce che fosse stato lo stesso Nerone ad appiccare l'incendio. Secondo queste voci l'imperatore poi, affascinato dallo spettacolo del fuoco che devastava la città, avrebbe addirittura decantato alcuni versi poetici sul tragico destino di Roma come se fosse un novello Omero di fronte alla distruzione di Troia. A riprova di un disegno criminale ci sarebbero poi le testimonianze di alcuni cittadini romani che sarebbero stati bloccati con la forza da non meglio identificati uomini "che obbedivano a degli ordini" mentre tentavano di spegnere le fiamme. Allo stesso modo più di qualcuno vide oscuri personaggi aggirarsi nella notte spargendo oli e altri sostanze infiammabili su case e stalle. Da ultimo i sostenitori della tesi del complotto imperiale ricordano come dopo sei giorni le fiamme erano state praticamente domate, ma che queste ripresero vigore proprio in prossimità della villa di Tigellino, fatto questo che suscitò non poche perplessità.

Il primo a scrivere palesemente che dietro all'incendio ci fosse la mano di Nerone è stato Svetonio circa settant'anni dopo quei fatti. Circa 100 anni dopo l'incendio anche lo storico Cassio Dione, rifacendosi a Svetonio, continuò su questa linea. Mano a mano che ci si allontana dai fatti più crescono i racconti dettagliati sulla colpevolezza di Nerone: Tacito riferisce di aver sentito una semplice diceria, Svetonio poi afferma che si tratti di una certezza, infine Cassio Dione dà la cosa per scontata scrivendo che Nerone si era vantato pubblicamente di essere il responsabile della devastazione di Roma:

«Nerone affermò che la vista delle vecchie e orribili case e delle strade strette e tortuose offendeva il suo occhio, e perciò fece incendiare la città [...] Nerone voleva realizzare il piano che aveva sempre avuto in mente: distruggere Roma e il suo Impero durante la sua vita».

Furono poi gli storici cristiani ad alimentare la convinzione che Nerone fosse l'unico responsabile dell'incendio di Roma dato che in questo modo non solo scagionavano i cristiani da ogni responsabilità in merito all'incendio, ma rafforzavano anche l'immagine negativa di Nerone.

Il primo storico cristiano a parlare chiaramente di un complotto ordito dall'Imperatore è Sulpicio Severo:

«Egli (Nerone, n.d.a.) scaricò la sua orribile colpa sui cristiani, che pur essendo innocenti dovettero subire terribili sofferenze».

Oggi le nostre conoscenze in fatto di incendi sono infinitamente più dettagliate e precise di quelle dell'epoca. Per quanto possa essere sembrato strano a quei tempi oggi sappiamo che un incendio può divampare diverse ore, se non addirittura giorni dopo che le fiamme evidenti sono state spente. Questo grazie alla presenza di braci accese che si possono benissimo conservare sotto la cenere per poi divampare quando nessuno se l'aspetta. Allo stesso modo le fonti antiche considerano quasi unanimemente l'incendio di origine dolosa, sottolineando alcune particolarità del suo andamento come la velocità di propagazione, il fatto che si fosse espanso in tutte le direzioni senza seguire la direzione dei venti e il fatto che bruciassero anche edifici in pietra. In realtà le moderne conoscenze scientifiche hanno appurato che incendi di dimensioni molto grandi, consumando l'ossigeno con il bruciare delle fiamme, tendono ad espandersi alla ricerca di altro ossigeno che permetta la combustione, creando in questo modo una sorta di regime interno completamente indipendente dai venti presenti all'esterno. Gli edifici in pietra possono inoltre consumarsi completamente in seguito all'incendiarsi degli arredi e delle parti in legno che prendono fuoco per i tizzoni provenienti dall'esterno.

Il clima di crescente sospetto che circonda Nerone, un imperatore considerato da tutti bizzarro nei comportamenti e nel pensiero, porta dunque gran parte della popolazione a sospettare di lui. Secondo questa ricostruzione dei fatti Nerone avrebbe dato Roma alle fiamme per poter poi avere la possibilità di ricostruirla a sua immagine e somiglianza.

A ben guardare però sono tutto sommato pochi gli elementi probanti a suo carico, anzi se vogliamo essere onesti possiamo dire che Nerone fece quanto in suo potere per gestire al meglio lo stato di calamità. Per arrestare l'avanzare dell'incendio diede ordine di far abbattere interi rioni in modo tale che le fiamme non potessero propagarsi oltre. Allo stesso modo, come ricordato, garantì supporto immediato agli sfollati e in fase di ricostruzione offrì incentivi in denaro a chi avesse ricostruito la propria abitazione in tempi brevi. Tutto ciò non servì comunque a cancellare del tutto le maldicenze sul suo conto e, infatti, ancora oggi Nerone viene accusato di essere il mandante se non addirittura l'esecutore materiale di quel tremendo disastro.

Per far cessare queste voci, come scrive lo storico Tacito nei suoi *Annales*, Nerone avrebbe pensato di attribuire la responsabilità di questa sciagura alle prime comunità di cristiani che in quegli anni si stavano diffondendo in tutto l'impero romano e, naturalmente, anche nella capitale:

«Perciò, per far cessare tale diceria, Nerone si inventò dei colpevoli e sottomise a pene raffinatissime coloro che la plebaglia, detestandoli a causa delle loro nefandezze, denominava cristiani. Origine di questo nome era Cristo, il quale sotto l'impero di Tiberio era stato condannato al supplizio dal procuratore Ponzio Pilato; e, momentaneamente sopita, questa esiziale superstizione di nuovo si diffondeva, non solo per la Giudea, focolare di quel morbo, ma anche a Roma, dove da ogni parte confluisce e viene tenuto in onore tutto ciò che vi è di turpe e di vergognoso.

Perciò, da principio vennero arrestati coloro che confessavano, quindi, dietro denuncia di questi, fu condannata una ingente moltitudine, non tanto per l'accusa dell'incendio, quanto per odio del genere umano. Inoltre, a quelli che andavano a morire si aggiungevano beffe: coperti di pelli ferine, perivano dilaniati dai cani, o venivano crocifissi oppure arsi vivi in guisa di torce, per servire da illuminazione notturna al calare della notte.

Nerone aveva offerto i suoi giardini e celebrava giochi circensi, mescolato alla plebe in veste d'auriga o ritto sul cocchio. Perciò, benché si trattasse di rei, meritevoli di pene severissime, nasceva un senso di pietà, in quanto venivano uccisi non per il bene comune, ma per la ferocia di un solo uomo [...]».

A questo proposito è importante sottolineare che, anche se ci possono sembrare molto violente e crudeli, quelle descritte erano in effetti le pene previste all'epoca per chi appiccava un fuoco in maniera dolosa, a prescindere dalla sua condizione sociale o dalle sue convinzioni religiose.

D'altra parte è importante notare come il giudizio di Tacito sia tutto sommato ambiguo, nel senso che pur giudicando i cristiani una sorta di capro espiatorio in questa faccenda non ne tesse certo le lodi. Anzi, per l'aristocrazia romana dell'epoca la setta cristiana era in molti casi vista in maniera assolutamente negativa dato che si faceva promotrice di valori e di una cultura diversi e potenzialmente pericolosi e destabilizzanti per l'Impero Romano. Secondo la tradizione durante questi raid anti-cristiani avrebbero trovato il martirio anche il discepolo Pietro e l'apostolo Paolo.

In anni recenti alcuni studiosi hanno ripreso la tesi per cui ad appiccare l'incendio potrebbero essere stati effettivamente alcune tra le frange più estreme dei cristiani presenti a Roma. Secondo questa teoria il fuoco sarebbe stato appiccato allo scopo di dar seguito ad una profezia apocalittica egiziana, secondo cui il sorgere di Sirio, la stella del Canis Major, avrebbe indicato la caduta della grande malvagia città.

Recentemente uno studioso italiano, Dimitri Landeschi, attraverso una accurata ricostruzione storica dei drammatici avvenimenti che si svolsero a Roma negli anni 64 e 65 d.C. (il grande incendio e la congiura di Pisone), ha avanzato l'ipotesi che a incendiare Roma non sia stato Nerone ma, con ogni probabilità, un pugno di fanatici appartenenti alla frangia più estremista della comunità cristiana di Roma, con la complicità morale di taluni ambienti dell'aristocrazia senatoria, in mezzo a cui si celavano. i veri ispiratori di quella scellerata operazione.

A ogni modo quella di Nerone è passata alla storia come la prima persecuzione romana anti-cristiana. Dopo questa saranno moltissime le persecuzioni più o meno violente decretate da diversi imperatori nei confronti dei seguaci della religione di Cristo. La differenza fondamentale tra questa prima azione, che potremmo definire di polizia, voluta da Nerone e le persecuzioni successive però sta nel carattere politico-religioso di quest'ultime. Nel caso di Nerone un gruppo di persone venne identificato, a torto o a ragione, come il mandante e l'esecutore di una spregevole azione criminale e per questo vennero catturati e giustiziati. In nessun modo la persecuzione di Nerone si rivolse contro i cristiani in quanto tali o contro la loro religione, si trattava semplicemente di un'azione repressiva contro un gruppo di persone che si erano macchiate di un crimine comune. In buona sostanza non c'erano assolutamente motivi ideologici né religiosi, si trattava semplicemente di punire chi aveva infranto la legge.

Al contrario nelle persecuzioni successive l'obiettivo era quello di decimare o addirittura cancellare un gruppo sociale ed una fede religiosa che veniva ritenuta incompatibile con le tradizioni romane e con la tranquillità della vita sociale all'interno dell'impero. Può sembrare un concetto di poco conto ma, in realtà, la differenza è sostanziale e non solo di forma.

ORE CONTATE

Dopo il disastroso incendio che ha devastato Roma Nerone è uomo sempre più isolato all'interno della capitale. È un uomo solo, tutti sono contro di lui e, soprattutto, lui per primo non ha idea di come fare per uscire da quella situazione.

L'aristocrazia e il senato romani, infatti, lo hanno abbandonato da tempo, mentre l'esercito non lo ha mai amato vista la sua assoluta inesperienza a livello militare. Finora è stato sempre molto amato dalla popolazione, ma adesso le cose sono cambiate e anche il popolo inizia a rumoreggiare.

Lo stesso Nerone si rende perfettamente conto della situazione quando, nel 65, sfugge per miracolo a una congiura ordita contro di lui, la celebre congiura di Pisone.

La lista dei congiurati è lunghissima e contiene alcuni dei nomi più influenti dell'aristocrazia e della cultura romana, compreso Seneca che viene costretto a suicidarsi per lavare col sangue l'onta del suo tradimento come si usava fare a quel tempo. Il momento della morte del celebre filosofo romano che, non dimentichiamolo, fu il mentore e il consigliere politico del giovane Nerone, è diventato immortale grazie al racconto dello storico Tacito:

«[…] Anche Seneca, ex maestro di Nerone, dovette tagliarsi le vene, ma poiché la morte tardava bevve la cicuta e si fece portare nel bagno caldo. Sua moglie per seguirlo si fece anch'essa tagliare le vene, ma Nerone, venutolo a sapere la fece curare e le fece dare in eredità una parte dei beni del morto […]».

Tra i nomi celebri che hanno aderito alla congiura di Pisone contro l'imperatore c'è anche quello di Caio Petronio, soprannominato *arbiter elegantiarum* per la sua classe e il suo stile inimitabili, vero e proprio punto di riferimento per tutta la Roma-bene del I secolo d.C.

Tacito, sempre nei suoi *Annales*, descrive Petronio e il momento della sua celebre morte in un passo che è diventato a dir poco proverbiale:

«Un voluttuoso raffinato, e i suoi atti e le sue parole tanto più avevano piacevole sembianza di semplicità quanto più mostravano di trascuratezza e di abbandono... fu nella corte dell'imperatore l'arbitro del buon gusto, il regolatore di tutto ciò che nello sfarzo fosse leggiadria e finezza.

Tigellino lo odiò avendo in lui visto il rivale, un rivale più esperto nell'arte della voluttà. Egli pertanto eccitò la crudeltà, quel sentimento cioè che era più forte nell'animo del principe, e accusò Petronio di amicizia con Scevino. Fu corrotto uno schiavo perché facesse da delatore, fu proibita la difesa; la maggior parte dei servi venne arrestata. Era l'imperatore in quei giorni partito per la Campania; Petronio, che lo seguiva ebbe a Cuma l'ordine di fermarsi. Ma egli non fu trattenuto dal timore o dalla speranza né, d'altro canto, volle morire precipitosamente.

Si tagliò le vene, poi le legò, indi di nuovo le riaprì: e si intrattenne con gli amici a parlare giovialmente di cose né gravi né grandi che restassero ad esempio della sua fermezza; né rimase ad ascoltare sentenze di filosofi o precetti sull'immortalità dell'anima, ma canzonette e facili poesie. Premiò alcuni schiavi, altri ne punì. Volle pranzare e dormire affinché la morte, sebbene imposta, sembrasse naturale.

Nei suoi codicilli non adulò Nerone o Tigellino come soleva fare la maggior parte dei condannati alla pena capitale, ma sotto i nomi di giovinastri e di cortigiane egli scrisse il racconto delle turpitudini imperiali fino alle ultime vergogne.

Poi sigillò e mandò lo scritto a Nerone e ruppe l'anello perché non servisse in seguito a far delle vittime».

Il complotto smascherato per un colpo di fortuna getta comprensibilmente il sovrano in uno stato di agitazione e paranoia continua, e del resto non sarebbe potuto essere altrimenti vista la già normale tensione che albergava a corte. Ormai Nerone vede nemici ovunque, non si fida più di niente e di nessuno.

Forse vorrebbe avere ancora sua madre Agrippina al suo fianco, probabilmente in un momento delicato come questo l'intuito e gli efficaci consigli di quella donna dall'enorme abilità politica gli tornerebbero molto utili, ma purtroppo per lui è rimasto solo.

Nel 66 Nerone sposa Statilia Messalina, una donna che apparentemente non aveva particolari qualità intellettuali e che sicuramente non ha le capacità per poterlo consigliare al meglio in questo terribile momento storico.

Nel 67, l'imperatore e Messalina (o secondo altre fonti Sporo) intraprendono un viaggio fra le isole della Grecia, a bordo di una lussuosa galea sulla quale Nerone divertiva gli ospiti (fra questi anche tutti gli stupefatti notabili delle città visitate e tributarie di Roma, compresa Atene) con prestazioni artistiche. Nel frattempo a Roma Ninfidio Sabino sta cercando consenso e alleati tra i pretoriani e i senatori per un colpo di stato contro l'imperatore.

Durante il suo soggiorno in Grecia Nerone partecipa addirittura ai giochi olimpici vincendo anche alcune gare, pare però per l'abbandono degli altri partecipanti, tutti troppo impauriti da una sua eventuale reazione in caso di sconfitta. Alla fine del viaggio in quella che a tutti gli effetti egli considera come la sua patria morale Nerone si rivolge alla folla pronunciando un discorso memorabile:

«Greci! Concedo a voi un dono inaspettato, quantunque non del tutto insperato da parte della mia magnanimità, tanto grande quanto non siete arrivati a chiedere: tutti voi Greci che abitate l'Achaia e quello che fino a ora è stato il Peloponneso ricevete la libertà e l'immunità (*eleutheria*, *aneisphoria*), che neanche nei periodi più felici avete tutti avuto, perché eravate schiavi o di stranieri o l'uno dell'altro.

Oh! se avessi potuto concedere questo dono quando la Grecia era all'apice della potenza, perché più persone potessero godere del mio favore! Per questo biasimo il tempo che ha consumato la grandezza del mio favore.

E ora vi reco questo beneficio non per pietà, ma per benevolenza e contraccambio gli dei, la cui benevola presenza ho sempre sperimentato sia per terra sia per mare, per il fatto che mi hanno concesso di beneficiare in maniera così grande. Infatti anche altri hanno liberato città e capi, ma Nerone ha liberato l'intera provincia».

Con una decisione tanto inaspettata quanto incredibile Nerone riconosce l'importanza morale e culturale di quella che verrà poi chiamata la culla della civiltà occidentale e decide di renderla una provincia libera. Anche questa può sembrare una mossa populista, o per lo meno azzardata, ma se letta con occhi moderni in realtà traduce tutta la lungimiranza e il fiuto di un politico che era, se possibile, secoli avanti rispetto all'epoca in cui visse. Riconoscersi attorno a delle radici e a una cultura comune è l'essenza delle moderne coalizioni geopolitiche. Nerone era riuscito a intuire che un serbatoio di valori e esperienze culturali e sociali simili a quello romano, doveva essere trattato alla pari concedendogli la dignità dell'indipendenza.

Tornato a Roma Nerone trova una situazione molto tesa. Capisce subito che se resta a Roma rischia di essere assassinato da un momento all'altro. Si sposta quindi a Napoli per un certo periodo e, mentre si trova nel capoluogo campano, viene informato di una rivolta in Gallia guidata da Giulio Vindice che mirava a mettere Selvio Galba sul trono di Roma. Nerone invia allora le sue armate in Gallia per reprimere la rivolta, ma i soldati invece di cercare il nemico vagano per la provincia romana senza meta.

Si tratta di un segnale inequivocabile e che nessuno può più ignorare: l'Imperatore ormai non ha più alcuna autorità sulle sue truppe, non è più in grado di imporre il suo volere. Con un pugno di fedelissimi Nerone lascia in fretta e furia il palazzo imperiale e si trasferisce presso la villa di Faone, uno dei suoi liberti. Indossa abiti logori per non farsi riconoscere e non esce mai di casa. È, molto semplicemente, terrorizzato.

I pretoriani però sono sulle sue tracce. Dopo pochi giorni arrivano a casa di Faone per perquisire la villa. A quel punto, vistosi perduto, l'Imperatore Poeta si taglia la gola con una spada aiutato dal suo segretario Epafrodito.

Restano memorabili le parole pronunciate da Nerone prima di essere ucciso: *"Qualis artifex pereo!"*, ovvero "Che grande artista viene ucciso oggi", dichiarazione che la dice lunga su quali erano le priorità per Nerone. Nonostante si trovasse in una situazione disperata i suoi ultimi pensieri erano rivolti all'arte, alla poesia e alla letteratura, non certo alla politica o alle questioni militari.

Al suo funerale pare abbiano partecipato solo una manciata di persone tra cui le due nutrici che lo avevano accudito da piccolo e la liberta Acte, forse l'unica donna che Nerone amò veramente, ma che per questioni di lignaggio e opportunità politica non ebbe mai il coraggio di sposare.

Sappiamo che la storia non si scrive con i "se" e con i "ma", però per una volta vogliamo concederci uno strappo alla regola. Se a una vita piena di bizzarrie e scelte controcorrente Nerone avesse aggiunto anche quella di sposare una liberta, siamo certi che oggi come oggi la sua figura sarebbe stata già rivalutata da anni come l'esempio di una visione della vita e del potere moderna e per niente scontata. Purtroppo gliene mancò il coraggio.

Con la morte di Nerone viene scritta la parola fine sulla dinastia Claudia, ovvero quella che discendeva direttamente da Giulio Cesare, Cesare Augusto e Tiberio. L'Imperatore Poeta infatti non ha alcun parente stretto che possa rivendicare il trono di Roma, e si apre così una dura lotta per la sua successione al comando dello stato più potente del mondo.

Il Senato, contando sull'appoggio dei pretoriani, nomina Galba nuovo imperatore. Si trattava di un vecchio generale che però l'anno successivo viene deposto e assassinato da una congiura militare. Dopo Galba sale al trono Otone, ex marito di Poppea, che tenta inutilmente di accreditarsi come erede legittimo di Nerone tentando di sposare Messalina, senza però riuscirci.

Il generale Vitelio prende quindi il posto di Otone, suicidatosi dopo una sconfitta militare contro il suo rivale, che viene però massacrato dalle truppe di Vespasiano. Con l'ascesa al trono di Vespasiano, ex generale delle Province Orientali, si conclude un periodo molto turbolento per Roma, il cosiddetto "anno dei 4 imperatori".

La dinastia Giulio Claudia è terminata per sempre, la Storia volta pagina e inizia l'era della dinastia Flavia.

DAMNATIO MEMORIAE

Dopo la morte di Nerone la plebe romana torna presto a essere asservita alle classi più abbienti, così come era stato nei secoli precedenti e come sarà nei secoli successivi. In poco tempo, come risvegliatasi da un torpore, la popolazione inizia a rimpiangere la figura del sovrano artista, quell'uomo che era stato capace di costruire imponenti e magnifiche strutture pubbliche e che aveva organizzato grandiosi spettacoli gratuiti per la plebe. Si diffonde addirittura la voce che Nerone non sia morto, ma che si stia nascondendo da qualche parte, pronto a tornare insieme ai suoi fedelissimi per restaurare il suo impero con uno sfarzo e una magnificenza ancora più grandi di prima. Qualcosa di simile accadrà secoli dopo con Emiliano Zapata in Messico, quando per anni tra contadini e piccoli proprietari terrieri girò la voce che il rivoluzionario non fosse morto nel 1919, ma che in realtà si stesse nascondendo nell'attesa di sferrare l'attacco finale.

Dopo la sua morte Nerone subisce anche l'umiliazione della condanna alla *damnatio memoriae* e in tutta la città le effigi e le scritte inneggianti il suo nome vengono ben presto cancellate. Per fortuna monumenti come la Domus Aurea sono sopravvissuti a questa furia iconoclasta, anche se non possiamo dire lo stesso per moltissime altre opere fatte realizzare da Nerone, come è accaduto al Colosso, un'immensa statua in bronzo alta 37 metri che raffigurava l'Imperatore Poeta. Per far arrivare quella statua enorme di fronte al Colosseo, dove venne posizionata, gli ingegneri romani avevano dovuto ideare un complesso e articolato sistema di scivolamento su tronchi di legno, in modo da spostare il Colosso lentamente passo dopo passo grazie all'utilizzo di elefanti che trainavano la statua.

Per rendersi conto delle dimensione del Colosso basti dire che la Statua della Libertà che svetta nel porto di New York è alta soltanto 9 metri in più dell'opera fatta realizzare da Nerone (se si esclude il piedistallo). Ciononostante la tomba di Nerone sul colle Pincio rimase per secoli una meta di pellegrinaggio per i più poveri e meno fortunati.

In epoca medievale si diffuse in tutta Europa una leggenda piuttosto curiosa sulla tomba di Nerone. Secondo la leggenda infatti sulle ossa e sui resi dell'Imperatore Poeta gravava una maledizione e di notte in quel luogo atterravano spiriti e demoni che terrorizzavano la popolazione locale. In breve si diffuse una psicosi tra la popolazione, tanto che l'intera zona era considerata dannata. Il popolo invocò aiuto addirittura al Pontefice, l'unico in grado di scacciare quella maledizione diabolica. Fu così che nel 1099 Papa Pasquale II prescrisse tre giorni di digiuno e meditazione per bonificare l'intero quartiere dagli spiriti maligni. Il Pontefice in persona si ritirò per tre giorni in preghiera e meditazione.

Secondo la leggenda durante la clausura il Papa ebbe una visione della Madonna che gli suggerì come fare per scacciare i demoni e gli spiriti maligni: bisognava sradicare l'albero di noce che era cresciuto sulla tomba, disseppellire i resti di Nerone, bruciare le ossa o quel che restava del cadavere dell'imperatore poeta e infine disperderne le ceneri nel Tevere. E così la terza domenica successiva ai tre giorni di preghiera e digiuno Papa Pasquale II liberò per sempre la piazza dagli spiriti del Maligno e, al posto della tomba maledetta, venne eretta una cappella commemorativa dedicata alla Vergine.

Nel 1472 infine Papa Paolo Sisto V decise di far costruire al posto della cappella la Basilica di Santa Maria del Popolo per ricordare la volontà popolare che aveva fatto sì che si fondasse un santuario mariano per commemorare la bonifica di quel luogo maledetto.

DUEMILA ANNI DI CALUNNIE?

Come abbiamo sottolineato più volte la stragrande maggioranza degli storici moderni ha ampiamente rivalutato la figura dell'Imperatore Poeta. Gli storici antichi, soprattutto Tacito e Svetonio, erano politicamente schierati dalla parte avversa rispetto a Nerone. Per questo nelle loro opere accentuarono ogni particolare negativo, creando un'immagine che probabilmente è molto lontana dalla realtà dei fatti. Oggi nessuno storico degno di questo nome sostiene più in buona fede che Nerone fosse un pazzo, né che fosse particolarmente crudele, dato che la morale e i comportamenti "normali" ai tempi dell'Impero Romano erano decisamente diversi da quelli di oggi. Di conseguenza non è possibile giudicare l'epoca romana secondo i parametri e le convinzioni di oggi. È vero, Nerone si macchiò di molti delitti e di azioni crudeli, ma non si tratta di azioni diverse da quelle compiute abitudinariamente da altri imperatori spesso esaltati dagli storici. Il fatto che Nerone trascorse gli ultimi anni della sua vita praticamente da recluso, immerso nei suoi studi artistici e poetici, non contribuì di certo a renderlo più popolare, anche perché come abbiamo ricordato il governo dell'impero era di fatto nella mani del crudele e sanguinario Tigellino, il prefetto del pretorio.

Come abbiamo visto durante la ricostruzione di Roma dopo il devastante incendio che sconvolse la città l'imperatore si distinse per un atteggiamento innovativo, tracciando addirittura un nuovo impianto urbanistico destinato a restare peraltro l'impianto su cui anche oggi è strutturata la città di Roma.

Anche il mito della sua responsabilità diretta nell'incendio è stato contestato dagli storici. Il primo a negare in maniera decisa che Nerone avesse qualche responsabilità in merito è stato Carlo Pascal, che è più propenso a credere che furono alcune frange estreme del nuovo culto cristiano i veri responsabili di quell'episodio drammatico.

Esemplare poi il testo di Massimo Fini, "Nerone, duemila anni di calunnie", in cui viene presentato un ritratto inedito e "moderno" dell'Imperatore Poeta, che viene addirittura definito un "grande showman":

«[…] La realtà è che Nerone fu un grandissimo uomo di Stato. Durante i quattordici anni del suo regno l'Impero conobbe un periodo di pace, di prosperità, di dinamismo economico e culturale quale non ebbe mai né prima né dopo di lui. Certamente fu un megalomane, un visionario, uno che, direbbe Nietzsche, pensava in grande stile e che cercò di modellare il mondo sulle proprie intuizioni e immaginazioni, l'artefice di un'arditissima rivoluzione culturale con la quale intendeva dirozzare i romani e indirizzarli verso la mentalità e i costumi ellenistici, molto più civili e raffinati.

Fu un uomo in grande anticipo sui suoi tempi, un bizzarro incrocio fra un principe rinascimentale, dalla cultura e dai gusti sceltissimi, a volte persino barocchi, e un teppista, un ragazzaccio avido di vita e di piaceri.

Fu anche un esibizionista, un inguaribile narciso e, con tutta probabilità, uno psicolabile schiacciato prima da una madre autoritaria e castratrice e poi dall'enorme peso che, a soli diciassette anni, per le ambizioni e le mene di Agrippina, gli era stato scaricato sulle spalle mentre lui avrebbe forse preferito dedicarsi alle arti predilette. Fu un sognatore che, mentre il mondo già gli crollava addosso, fantasticava di potersi pur sempre guadagnare da vivere con la propria arte.

Quel che comunque è certo è che questo imperatore chitarrista, cantante, poeta, attore, scrittore, auriga, curioso di scienza e di tecnica, fautore delle più ardite esplorazioni, autore e vagheggiatore di progetti grandiosi, fu un unicum non solo nella storia dell'Impero romano.

Come statista ci sono poi alcune caratteristiche che possono solleticare la sensibilità moderna. Fu un monarca assoluto che usò del proprio potere in senso democratico: non governò solo in nome del popolo, come voleva l'ipocrisia augustea, ma per. il popolo contro le oligarchie che lo opprimevano e lo sfruttavano. E per avere il consenso del popolo oltre che, beninteso, progettare e attuare misure molto concrete inaugurò quella che oggi chiameremmo la politica-spettacolo.

Nerone fu un grande showman. Le élite economiche e intellettuali del tempo non lo capirono, oppure lo capirono fin troppo bene e per questo lo osteggiarono ferocemente. I senatori perché vedevano messi in pericolo il loro potere, le loro ricchezze, il loro dolce far niente. Gli intellettuali perché, da bravi piccolo-borghesi, ambivano come sempre a una sola cosa: entrare nel giro dell'aristocrazia e condividerne i privilegi.

Chi lo capì fu la plebe romana che lo amò sempre moltissimo. Tanto che se esiste una leggenda negativa su Nerone ce ne fu anche una positiva coeva alla sua fine. Anche la plebe romana, per motivi diametralmente opposti a quelli degli autori cristiani, si rifiutò di credere che l'imperatore fosse morto davvero e coltivò a lungo l'illusione che, prima o poi, sarebbe tornato per renderle giustizia. Un primo "falso Nerone" fece la sua apparizione due anni dopo la morte dell'imperatore creando una grande agitazione popolare sia a Roma sia in quella Grecia che egli aveva amato e reso libera. Poi ne venne un secondo. Il terzo e ultimo "falso Nerone" comparve nell'88, vent'anni dopo la sua morte. E per molto tempo ancora il popolino di Roma, in primavera e in estate, continuò a portare fiori sulla tomba dell'uomo il cui nome sarebbe stato poi esecrato, maledetto e dannato in saecula saeculorum [...]».

APPENDICE 1:
DE VITA CAESARUM

Il *De vita caesarum* (Le vite dei Cesari) di Svetonio è una raccolta delle biografie di dodici tra i più importanti imperatori romani.

Svetonio, nato nel 70 d.C. e morto nel 126, era un erudito romano che ci ha lasciato molte opere, scritte indifferentemente in greco e in latino. Il *De vita caesarum* è probabilmente la sua opera più famosa, dato che si tratta di uno dei testi fondamentali per ricostruire le biografie di imperatori vissuti in un'epoca cruciale per l'impero romano, per alcuni dei quali è addirittura l'unica fonte giunta fino a noi. Per quanto riguarda la vita Caligola ad esempio l'opera di Svetonio senza dubbio l'opera più importante anche per gli storici moderni.

Svetonio era un membro della corte imperiale di Adriano e quindi aveva libero accesso agli archivi imperiali, fattore che gli permise di raccogliere moltissime testimonianze dirette e indirette sulle vite degli imperatori romani. Inoltre ebbe la possibilità di consultare tutta una serie di opere che purtroppo sono andate perdute nel corso dei secoli come quelle di Gaio Asinio Pollione e di Cremuzio Cordo, oltre alle Res Gestae Divi Augusti.

Il Libro VI, che riportiamo qui in forma integrale, racconta nei dettagli la vita di Nerone. Avrete modo di leggerla e di capire come le parole di Svetonio nel corso dei secoli alimentarono non poco le idee negative intorno alla figura dell'Imperatore Poeta.

<u>Libro VI - Vita di Nerone</u>

I

Della stirpe Domizia due famiglie si resero famose: quella dei Calvini e quella degli Enobarbi. Gli Enobarbi fanno risalire sia la loro origine, sia il loro soprannome a L. Domizio. Secondo la tradizione un giorno costui, ritornando dalla campagna, incontrò due giovani, fratelli gemelli, di maestosa bellezza, i quali gli ordinarono di annunciare al Senato e al popolo una vittoria che ancora non era sicura, e per dimostrargli la loro divinità gli accarezzarono così bene le guance che diedero alla sua barba nera un colore rosso, simile a quello del bronzo. Questo contrassegno particolare si trasmise ai suoi discendenti, dei quali buona parte ebbe la barba rossa. Quantunque avessero ottenuto sette consolati, un trionfo, due censure e fossero stati elevati al rango dei patrizi, tutti conservarono lo stesso soprannome. Non presero altri prenomi che quelli di Gneo e Lucio; inoltre, particolare significativo, ora ciascuno di questi due prenomi era portato successivamente da tre di loro, ora prendevano alternativamente l'uno o l'altro.

La storia infatti ci dice che il primo, il secondo e il terzo degli Enobarbi si chiamavano Lucio, i tre seguenti, l'uno dopo l'altro, Gneo, e gli altri, alternativamente, Lucio o Gneo. Personalmente credo che sia importante far conoscere molti membri di questa famiglia, per poter meglio dimostrare che se Nerone degenerò dalle virtù dei suoi antenati, all'incontro i vizi di ciascuno di loro si ritrovano in lui come se glieli avessero trasmessi attraverso il sangue.

II

Risalendo dunque un poco indietro, troviamo il suo trisavolo Gneo Domizio che, quando era tribuno, si adirò profondamente contro i pontefici, perché, al posto di suo padre, si erano aggregati non lui, ma un altro collega e per questo fece togliere ai vari collegi e affidare al popolo il diritto di eleggere i sacerdoti; d'altra parte, durante il suo consolato, dopo aver sconfitto gli Allobrogi e gli Arverni, percorse la sua provincia trasportato da un elefante e seguito dalle schiere dei suoi soldati, come nella solennità del trionfo. Proprio contro di lui l'oratore Licinio Crasso così si espresse: "Non c'è da stupirsi che abbia la barba di bronzo, dal momento che ha una bocca di ferro e un cuore di piombo".

Suo figlio, quando era pretore, citò C. Cesare, per un'inchiesta davanti al Senato, al termine del suo consolato che, a suo giudizio, aveva esercitato contro gli aruspici e contro le leggi. In seguito, divenuto console, tentò di togliere alle armate delle Gallie il loro comandante e designato come suo successore dal partito avverso, si fece catturare a Crofinio, all'inizio della guerra civile.

Di là, rilasciato da Cesare si portò a Marsiglia e infuse coraggio agli abitanti sfiniti dall'assedio, poi, improvvisamente li abbandonò e andò a morire sul campo di battaglia di Farsalo; uomo senza carattere e di natura feroce, quando la sua situazione fu disperata, per la paura cercò la morte al cui cospetto però fu preso da un terrore tale che, pentendosi di aver bevuto del veleno, si fece provocare il vomito e liberò dalla schiavitù il suo medico che, per prudenza e buon senso, gli aveva attenuato la violenza del veleno. Quando poi Gneo Pompeo esaminò i casi delle persone che, stando in mezzo ai due contendenti, non parteggiavano né per l'uno, né per l'altro, lui solo pensò che bisognava considerarli tutti nemici.

III

Lasciò un figlio che, senza dubbio, è da preferirsi a tutti i membri della sua famiglia. Costui, condannato, in base alla legge Pedia, come complice dell'assassinio di Cesare, quantunque fosse innocente, si portò presso Cassio e Bruto, ai quali era legato da un vincolo di parentela, poi, quando morirono l'uno e l'altro, conservò e perfino potenziò la flotta che gli era stata affidata in precedenza e solo dopo la disfatta totale del suo partito, spontaneamente la consegnò ad Antonio, cosa che gli venne considerata come un gran servizio. Così, tra tutti quelli che erano stati condannati in virtù della stessa legge, egli fu il solo che poté rientrare in patria e occupò successivamente le più alte cariche; subito dopo, quando ricominciarono le discordie civili, Antonio lo prese come luogotenente e poiché gli venne offerto il comando supremo da coloro che si vergognavano di Cleopatra, non ebbe il coraggio né di accettare né di rifiutare risolutamente, a causa di un'improvvisa malattia, e passò dalla parte di Augusto.

Pochi giorni dopo morì anche lui coperto di infamia perché Antonio andò dicendo che aveva disertato il suo campo in quanto sentiva la mancanza della sua amante Servilia Naide.

IV

Da costui nacque Domizio, che in seguito il testamento di Augusto fece conoscere a tutti come compratore simulato del complesso patrimoniale; costui, durante la sua giovinezza, si rese famoso per la sua abilità nel condurre un carro, così come più tardi emerse per avere ottenuto le insegne del trionfo dopo la guerra di Germania. In realtà, arrogante, prodigo e crudele, quando era edile, obbligò il censore L. Planco a cedergli il passo; divenuto pretore e poi console, costrinse alcuni cavalieri romani e alcune matrone ad esibirsi sulla scena come attori di mimi. Organizzò cacce non solo nel circo, ma anche in tutti i quartieri di Roma e perfino un combattimento di gladiatori, ma di una tale ferocia che Augusto, dopo avergli fatto inutilmente rimostranze in privato, fu costretto a porvi freno con un editto.

Dalle sue nozze con Antonia la maggiore nacque il padre di Nerone, la cui condotta fu assolutamente detestabile: infatti quando accompagnò in Oriente il giovane C. Cesare, uccise un suo liberto perché si era rifiutato di bere tutto quello che gli ordinava e sebbene, proprio per questo fatto Caio lo avesse allontanato dal gruppo dei suoi amici, ciò nonostante egli non si comportò con più moderazione; al contrario una volta facendo galoppare all'improvviso le sue bestie in un borgo della via Appia, travolse consapevolmente un fanciullo e a Roma, in pieno foro, cavò un occhio ad un cavaliere romano che gli rivolgeva rimproveri senza riguardi.

Era così in mala fede, inoltre, che non solo si rifiutò di pagare ai banchieri alcuni oggetti comperati all'asta ma anche, durante la sua pretura, non volle liquidare ai conduttori di carri le ricompense delle loro vittorie; un po' perché rimproverato a causa di questi due fatti, un po' perché preso in giro da sua sorella, davanti alle lamentele dei capitani delle squadre stabilì con un editto che i premi, in avvenire, sarebbero stati pagati subito.

Poco prima della morte di Tiberio, fu anche accusato di lesa maestà, di adulterio e di relazioni incestuose con sua sorella Lepida, ma si salvò per il cambiamento di imperatore e morì di idropisia a Pirgi, lasciando un figlio, Nerone, che aveva avuto da Agrippina, figlia di Germanico.

VI

Nerone nacque ad Anzio nove mesi dopo la morte di Tiberio, diciotto giorni prima della calende di gennaio, proprio al sorgere del sole in modo che fu toccato dai suoi raggi prima ancora della terra. Intorno al suo oroscopo molti misero insieme immediatamente tutta una serie di terribili predizioni e un presagio lo si vide anche nelle parole di suo padre Domizio, mentre rispondeva alle felicitazioni degli amici: "che da lui e da Agrippina era potuto nascere soltanto qualcosa di dannoso per lo Stato."

Il suo destino nefasto fu anche annunciato in modo chiarissimo il giorno della purificazione: infatti C. Cesare pregato da sua sorella di dare al fanciullo il nome che voleva, guardò suo zio Claudio, che più tardi, una volta imperatore, adottò Nerone, e disse di volergli dare il suo; non lo aveva detto però seriamente, ma per scherzo e d'altra parte Agrippina disdegnò quel nome, perché allora Claudio era uno degli zimbelli di corte.

A tre mesi perse il padre, di cui ereditò un terzo del patrimonio, che però non ricevette interamente, perché Gaio, suo coerede, incamerò tutti i beni. In seguito, relegata anche la madre, restando quasi senza risorse fu allevato presso sua zia Lepida, sotto la guida di due pedagoghi, di un danzatore e di un barbiere. Quando finalmente Claudio divenne imperatore, non solo ricuperò il suo patrimonio, ma fu anche arricchito dall'eredità di Crispo Passieno, suo patrigno. In seguito il credito e la potenza di sua madre, che era stata richiamata e reintegrata nei suoi diritti, lo resero forte a tal punto che, secondo una voce diffusasi tra il popolo, Messalina, la moglie di Claudio, vedendo in lui un rivale di Britannico, incaricò alcuni sicari di strangolarlo mentre riposava dopo mezzogiorno.

La leggenda aggiungeva che gli assassini, atterriti da un serpente che si sollevava dal suo cuscino, se ne fuggirono. Questa favola si è formata perché nel suo letto, attorno al suo guanciale, erano stati scoperti i resti di un serpente. Ciò nonostante quando Agrippina fece incastonare questi resti in un braccialetto d'oro, Nerone lo portò per parecchio tempo attorno al suo braccio destro, lo gettò via infine, quando il ricordo di sua madre gli divenne importuno e di nuovo lo fece ricercare, ma invano, al periodo delle sue ultime disgrazie.

VII

Ancora in tenera età, nel pieno dell'infanzia, prese parte ai giochi troiani, durante le rappresentazioni del circo con molta costanza e con successo. Durante il suo undicesimo anno di età fu adottato da Claudio ed ebbe come maestro Anneo Seneca, allora già senatore. Pare che la notte successiva Seneca sognasse di avere come discepolo C. Cesare, e Nerone fece credere a quel sogno per poco tempo, in quanto non appena poté, diede vari saggi della barbarie della sua natura. Infatti poiché suo fratello Britannico lo aveva salutato, come d'abitudine, con il nome di Enobarbo dopo la sua adozione, Nerone tentò di presentarlo agli occhi di Claudio come un figlio supposto.

Quando poi sua zia Lepida fu messa in stato di accusa, portò contro di lei una testimonianza pesante per far piacere a sua madre che la voleva ad ogni costo colpevole.

Portato in foro come esordiente, offrì doni in natura al popolo, gratifiche ai soldati e, fatta fare un'evoluzione ai pretoriani, presentò loro lo scudo con le sue stesse mani; in seguito ringraziò suo padre in Senato. Davanti a Claudio, allora console, parlò in latino a favore degli abitanti di Bologna e in greco per quelli di Rodi e di Ilio.

Amministrò anche la giustizia per la prima volta come prefetto di Roma durante le feste latine e i più famosi avvocati andarono a gara nel portare al suo tribunale non già, come d'uso, gli affari correnti e di rapido disbrigo, ma le cause più importanti, sebbene Claudio lo avesse proibito. Poco tempo dopo sposò Ottavia e organizzò giochi di circo e una caccia per la salvezza di Claudio.

VIII

Aveva diciassette anni quando, resa pubblica la morte di Claudio, si avvicinò ai soldati di guardia, tra la sesta e la settima ora, perché a causa del brutto tempo di tutto quel giorno, nessun altro momento gli sembrava più favorevole per prendere gli auspici. Salutato imperatore sui gradini del Palatino, fu portato in lettiga all'accampamento dei pretoriani, poi, dopo una rapida allocuzione ai soldati, in curia, da dove uscì soltanto verso sera, dopo aver accettato tutti i grandissimi onori di cui lo si riempiva, ad eccezione del titolo di "padre della patria" a causa della sua età.

IX

In seguito, cominciando a far mostra di pietà filiale, celebrò splendidamente i funerali di Claudio, ne fece l'elogio funebre e lo innalzò al rango degli dei. Concesse grandi onori alla memoria di suo padre Domizio. Quanto a sua madre le lasciò l'alta direzione di tutti gli affari pubblici e privati. Il primo giorno del suo principato diede perfino come parola d'ordine al tribuno di guardia "la migliore delle madri", e spesso in seguito; andò a spasso in pubblico con lei, nella lettiga di Agrippina. Stabilì ad Anzio una colonia composta di veterani pretoriani ai quali aggiunse i più ricchi primipili che trasferirono il loro domicilio; qui costruì anche un porto, sostenendo una spesa enorme per i lavori.

X

E per dimostrare le sue buone intenzioni, dichiarò che avrebbe governato secondo i principi di Augusto, e non si lasciò sfuggire nessuna occasione per manifestare la sua generosità, la sua clemenza e perfino la sua amabilità. Abolì o diminuì le imposte troppo pesanti. Ridusse a un quarto le ricompense ai delatori delle infrazioni alla legge Papia. Fece distribuire al popolo quattrocento sesterzi a testa, poi decise che tutti i senatori, di origine nobile, ma decaduta, ricevessero un salario annuo che per alcuni arrivò anche a cinquemila sesterzi, e volle che le coorti pretoriane avessero ogni mese una distribuzione gratuita di grano.

Un giorno che venne pregato di firmare, secondo l'usanza, una condanna di morte, disse: "Come vorrei non conoscere l'alfabeto!" Salutò spesso, per nome e a memoria, persone di ogni ordine. Al Senato che lo ringraziava, rispose: "Quando l'avrò meritato."

La plebe fu ammessa ad assistere alle sue esercitazioni militari e molto spesso declamò in pubblico; recitò anche poesia, non solo in casa sua, ma pure in teatro, con così grande gioia di tutti, che, dopo una simile esibizione furono decretati ringraziamenti agli dei e i versi letti da lui furono impressi a caratteri d'oro e dedicati a Giove Capitolino.

XI

Diede un gran numero di spettacoli diversi: giochi giovanili, giochi di circo, rappresentazioni teatrali e un combattimento di gladiatori. Ai giochi giovanili ammise come attori vecchi ex consoli e anziane matrone. Per quelli del circo riservò ai cavalieri posti separati e fece perfino correre alcune quadrighe trainate da cammelli. Nel corso delle rappresentazioni che diede per l'eternità dell'Impero e volle che fossero chiamate "le più grandi", moltissime persone dei due ordini c dei due sessi fecero gli istrioni: un cavaliere romano, seduto su un elefante, discese lungo una corda; si rappresentò la commedia di Afranio intitolata "L'incendio" e si permise agli attori di saccheggiare e tenere per sé i mobili della casa che bruciava; ogni giorno si fece cadere sulla folla doni assolutamente diversi tra loro: quotidianamente migliaia di uccelli di ogni specie, vettovaglie diverse, tessere per il grano, vestiti, oro, argento, pietre preziose, perle, quadri, buoni per ritirare schiavi, bestie da soma e anche belve addomesticate e infine imbarcazioni, complessi di case e appezzamenti di terreno.

XII

Nerone seguì questi giochi dall'alto del proscenio. Durante il combattimento dei gladiatori che diede in un anfiteatro di legno, costruito in meno di un anno nella zona del Campo di Marte, non fece uccidere nessuno, nemmeno fra i condannati. Nel numero dei combattenti figuravano quattrocento senatori e seicento cavalieri romani, alcuni dei quali godevano di una fortuna e di una reputazione altissime; a questi due ordini appartenevano sia i bestiari, sia i vari addetti all'arena.

Allestì anche una battaglia navale con mostri marini che nuotavano in acqua di mare. Fece pure eseguire alcune danze guerriere da un certo numero di efebi, ai quali, dopo che ebbero compiuta la danza, offrì il brevetto di cittadinanza romana. Tra queste danze, un toro violò Pasifae nascosta dentro una giovenca di legno, almeno così credettero molti degli spettatori; Icaro, subito al primo tentativo di volo, cadde presso il palco di Nerone e lo spruzzò di sangue.

In realtà egli presiedette assai raramente lo spettacolo: d'ordinario lo guardava, sdraiato su un letto, da principio attraverso piccole aperture, poi dall'alto del podio che aveva fatto scoprire totalmente.

Fu il primo ad istituire a Roma un concorso quinquennale, articolato in tre settori, secondo l'usanza greca: musicale, ginnico ed equestre, e lo chiamò "giochi neroniani". Dopo aver inaugurato alcune terme e un ginnasio, fornì perfino l'olio ai senatori e ai cavalieri romani. A ogni concorso fece presiedere ex consoli estratti a sorte e collocati al posto dei pretori. In seguito andò a sistemarsi nell'orchestra, in mezzo ai senatori; accettò la corona dell'eloquenza e della poesia latina, che si erano contesa i più onorevoli cittadini e che gli era stata ceduta di comune accordo, ma quando i giudici gli assegnarono quella di sonatore di cetra, si genuflesse e diede ordine di portarla davanti alla statua di Augusto.

Durante il concorso ginnico, che si teneva nel recinto delle elezioni, tra la solennità di un sacrificio di buoi, si fece tagliare per la prima volta la barba e la depose in una scatola d'oro adorna di pietre preziosissime che consacrò al Campidoglio. Allo spettacolo degli atleti invitò anche le vergini Vestali, in quanto pure ad Olimpia potevano assistervi le sacerdotesse di Cerere.

XIII

Credo sia giusto segnalare ancora tra gli spettacoli offerti da Nerone l'entrata di Tiridate a Roma.

Era il re d'Armenia che aveva sollecitato a venire con magnifiche promesse; fissò con un editto la data in cui lo avrebbe presentato al popolo, ma, poiché quel giorno il cielo era nuvoloso, differì ogni cosa fino ad un momento più favorevole; piazzò coorti in armi presso i templi del foro e Nerone prese posto su una sedia curule sui rostri, in abito di trionfatore, circondato da insegne e da vessilli. Subito Tiridate, salendo lungo una rampa, venne ad inginocchiarsi davanti a lui, ed egli gli alzò la mano destra e lo baciò; poi l'imperatore, alle preghiere di Tiridate, gli tolse la tiara e lo incoronò con un diudema, mentre un pretore anziano ripeteva alla folla, in latino, le parole del supplicante. Dopo di ciò, lo condusse a teatro e ricevute di nuovo le suppliche di Tiridate, lo fece sedere alla sua destra. Salutato imperatore per questo fatto, Nerone portò al Campidoglio una corona di lauro e chiuse il tempio di Giano Bifronte, come se non rimanesse da fare più nessuna guerra.

XIV

Nerone esercitò quattro consolati: il primo durò due mesi, il secondo e l'ultimo un semestre, il terzo quattro mesi. I due di mezzo furono consecutivi, gli altri separati dall'intervallo di un anno.

XV

Quando rendeva giustizia, quasi sempre non rispondeva ai richiedenti se non il giorno dopo e per iscritto. Nelle inchieste imperiali prese l'abitudine di vietare i discorsi continui e di far presentare di volta in volta dalle due parti ogni dettaglio della causa. Ogni volta che si ritirava per deliberare, non consultava i suoi assistenti, riuniti o apertamente, su nessun punto, ma dopo aver lette in silenzio e tutto solo le sentenze scritte da ciascuno di loro, pronunciava la sentenza che preferiva, come se la maggioranza avesse deciso in quel modo.

Per un lungo periodo di tempo non ammise in Senato i figli dei liberti; rifiutò le magistrature a coloro cui erano state concesse dai suoi predecessori. Per consolare i candidati in soprannumero del ritardo che subivano, diede loro alcuni comandi di legioni.

Il consolato, generalmente, fu conferito per sei mesi. Poiché verso le calende di gennaio era morto uno dei consoli, non designò nessuno al suo posto e condannò l'esempio di Caninio Rebilo, che in passato era stato console per un solo giorno. Accordò le insegne del trionfo anche a persone che avevano la dignità di questori e ad alcuni cavalieri e non unicamente per meriti militari. Quando indirizzava un messaggio al Senato su una questione o l'altra, generalmente lo faceva leggere da un console, senza ricorrere a un questore.

XVI

Pensò di dare una nuova forma agli edifici di Roma e volle che davanti agli isolati e alle case vi fossero dei portici sormontati da terrazzi da dove si potevano combattere gli incendi; li fece costruire a sue spese.

Aveva anche deciso di prolungare le mura della città fino a Ostia e di fare arrivare le acque del mare fino ai vecchi quartieri di Roma per mezzo di un canale che partiva appunto da Ostia.

Sotto il suo principato furono comminate condanne rigorose, furono prese misure repressive, ma furono anche introdotti nuovi regolamenti: si impose un freno al lusso, si ridussero i banchetti pubblici a distribuzioni di viveri, fu vietato di vendere nelle osterie cibi cotti, ad eccezione dei legumi ed erbe commestibili, mentre in precedenza si serviva ogni genere di pietanza, furono inviati al supplizio i Cristiani, genere di uomini dediti a una nuova e malefica superstizione, furono proibiti i divertimenti ai conduttori di quadrighe, che un'antica usanza autorizzava a vagabondare qua e là, ingannando e derubando i cittadini per gioco, si relegarono tutti in una volta i pantomimi e le loro fazioni.

XVII

Contro i falsari si ideò questa nuova precauzione di non mettere il sigillo ai registri se non dopo averli forati e avervi fatto passare tre volte il filo; si prescrisse di presentare le due prime tavolette dei testamenti ai firmatari quando recavano solo il nome del testatore e si proibì a coloro che stendevano il testamento per conto di altri di segnarvi se stessi come legatari; del pari si stabilì che i clienti pagassero ai loro avvocati onorari stabiliti e giusti, ma che non versassero assolutamente niente per i banchi forniti gratuitamente dall'erario; infine si decretò che, nell'amministrazione della giustizia, i processi intentati dal tesoro fossero trasferiti al foro e ai giudici ricuperatori e che tutti gli appelli fossero deferiti al Senato.

XVIII

Nerone non fu mai preso in nessun modo né dal desiderio né dalla speranza di accrescere e di estendere l'Impero: pensò anche di ritirare le truppe dalla Britannia, e vi rinunciò soltanto per convenienza, per non dare l'impressione di recare insulto alla gloria di suo padre.

Ridusse a provincia il regno del Ponto, con l'assenso di Polemone e quello delle Alpi, dopo la morte di Cozzio.

XIX

Fece soltanto due viaggi, quello ad Alessandria e quello in Acaia; rinunciò però al primo il giorno stesso della partenza perché turbato sia da uno scrupolo religioso, sia da una minaccia di pericolo. In realtà, dopo aver visitato i vari templi, si era seduto in quello di Vesta, ma quando volle alzarsi, in un primo tempo fu trattenuto dal panno della sua toga e poi si alzò una nebbia così fitta che non poteva distinguere niente.

In Acaia, accingendosi al taglio dell'Istmo, riuniti i pretoriani in assemblea, li incoraggiò a mettersi al lavoro, poi, ad uno squillo di tromba, diede lui stesso il primo colpo di vanga, scavò la terra, ne riempì una cesta e la trasportò sulle spalle.

Preparava anche una spedizione verso le Porte Caspie, per la quale aveva fatto arruolare in Italia una nuova legione che comprendeva soltanto reclute alte sei piedi e che chiamava falange di Alessandro Magno.

Tutti questi atti, dei quali gli uni non meritano nessun biasimo, gli altri sono perfino degni di grande elogio, li ho uniti in blocco, per separarli dalle sue nefandezze e dai suoi crimini, di cui parlerò adesso.

XX

Durante la sua infanzia, tra le altre varie discipline, era stato avviato alla musica e, non appena divenne imperatore, chiamò presso di sé il citaredo Terpno, allora molto in voga, restò più giorni di seguito, dopo cena, assiso al suo fianco, mentre quello cantava, fino a tarda notte, poi a poco a poco cominciò a provare e a esercitarsi anche lui, senza trascurare nessuna delle precauzioni che gli artisti di questo genere sono soliti prendere per conservare e migliorare la voce.

Arrivò perfino a sopportare sul suo petto lastre di piombo, standosene supino, a liberarsi lo stomaco con purganti e vomitivi, a non mangiare frutta e cibi che potessero recargli danno, finché, allettato dai progressi, quantunque la sua voce fosse sottile e rauca, gli venne l'ambizione di esibirsi sulla scena, e ripeteva incessantemente ai suoi familiari il proverbio greco: "alla musica nascosta non si fa caso." Debuttò a Napoli e, quantunque un terremoto improvviso avesse diroccato il teatro, non smise di cantare se non dopo aver terminato il suo pezzo. Si fece ascoltare molte volte e per più giorni; per di più una volta che si era preso un momento di riposo per rinfrancare la voce, insofferente di quella solitudine, uscito dal bagno ritornò in teatro e, dopo aver mangiato in mezzo all'orchestra, in presenza di una folla considerevole, promise, parlando in greco, di far sentire qualcosa di più sonoro, non appena avesse bevuto un po'.

Affascinato dalle lodi cantate in suo onore da alcuni abitanti di Alessandria, recentemente sbarcati in massa a Napoli, ne fece venire ancora di più da quella città. Non ci mise minore impegno a reclutare dappertutto adolescenti di famiglia equestre e più di cinquemila giovani plebei, scelti fra i più robusti, per insegnar loro, dopo averli divisi in gruppi, i vari tipi di applauso (li chiamava rimbombi, embrici e teste) perché lo sostenessero quando cantava; si riconoscevano dalla loro ricca capigliatura, dall'abbigliamento elegantissimo, dall'assoluta mancanza di anelli alla mano sinistra e i loro capi guadagnavano quattrocentomila sesterzi.

XXI

Poiché ci teneva moltissimo a cantare anche a Roma, ricominciò i giochi neroniani prima della data prevista e dal momento che gli spettatori reclamavano la sua voce celeste, egli rispose "che avrebbe esaudito i loro desideri nei suoi giardini", ma quando anche i soldati di guardia unirono le loro preghiere a quelle della folla, con piacere promise che "si sarebbe esibito subito"; poi, senza indugio, fece scrivere il proprio nome sulla lista dei citaredi che concorrevano depose, come loro, la sua scheda nell'urna e, quando fu il suo turno, entrò con i prefetti del pretorio che portavano la sua cetra, seguito dai tribuni militari e accompagnato dai più intimi amici.

Quando si fermò, dopo aver offerto un preludio, fece annunciare dall'ex console Cluvio Rufo che "avrebbe cantato una Niobe" e andò avanti fin quasi alla decima ora; rimandò però all'anno successivo sia l'attribuzione di quella corona sia la fine del concorso, per avere più spesso l'occasione di cantare.

Tuttavia, sembrandogli il rinvio troppo lungo, non si privò del piacere di farsi ascoltare più volte in pubblico. Fu anche in dubbio se offrire la propria partecipazione, insieme con professionisti, a spettacoli privati, giacché un pretore gli offriva un milione di sesterzi.

Apparve anche in parti tragiche di eroi e di dei, di eroine e di dee, nascosto da maschere che riproducevano i suoi lineamenti e quelli di donne che, di volta in volta, ebbero i suoi favori. Interpretò, tra gli altri personaggi, Canace che partorisce, Oreste assassino di sua madre, Edipo divenuto cieco ed Ercole furioso. Si racconta che, in occasione di quest'ultima commedia, un giovanissimo soldato che montava di guardia, vedendo che Nerone veniva preparato per il sacrificio e incatenato, come richiedeva il copione, accorse per dargli aiuto.

XXII

Per i cavalli ebbe, fin dalla più giovane età, una passione particolarmente viva e la maggior parte delle sue conversazioni, sebbene gli fosse vietato, verteva sui giochi del circo; un giorno con i suoi discepoli si lamentava che un cocchiere del partito verde fosse stato trascinato dai suoi cavalli e quando il suo maestro lo rimproverò, disse, mentendo, che stava parlando di Ettore. All'inizio del suo principato si divertiva quotidianamente a spostare quadrighe d'avorio su un tavolo da gioco e lasciava il suo ritiro per assistere anche ai meno importanti giochi di circo, in un primo tempo di nascosto, poi apertamente, in modo che in quei giorni tutti erano certi che sarebbe stato presente.

D'altra parte non faceva mistero di voler aumentare il numero dei premi e così, moltiplicate le rappresentazioni, protraeva lo spettacolo fino a tardi e anche i capisquadra non si degnavano di condurre fuori i loro uomini se non per una corsa che durasse una intera giornata.

Ben presto volle guidare anche lui un carro e per di più esibirsi spesso; fatto allora il suo apprendistato nei suoi giardini in mezzo agli schiavi e al popolino, si offrì agli occhi di tutti nel Circo Massimo, mentre uno dei suoi liberti gettava il drappo dal posto dove generalmente lo facevano i magistrati. Non contento di aver dato prove a Roma di queste sue capacità, se ne andò in Acaia, come abbiamo detto, soprattutto per questi motivi. In quella provincia le città dove si organizzavano solitamente concorsi di musica, avevano deciso di inviargli tutte le corone dei citaredi. Egli le accettava con tale gratitudine che, non contento di ricevere, con precedenza assoluta, i delegati che gliele portavano, li ammetteva anche ai suoi banchetti intimi.

Poiché alcuni di loro lo avevano pregato di cantare durante la cena, e lo avevano seguito con molta attenzione, dichiarò che "solo i Greci sapevano ascoltare e che solo loro erano degni di lui e della sua arte". Non differì dunque la partenza e come sbarcò a Cassiope fece il suo esordio cantando presso l'altare di Giove Cassio, poi, da quel momento si presentò a tutti i concorsi.

XXIII

In realtà non solo diede ordine di raggruppare in un solo anno quei concorsi che avevano luogo in date differenti, facendone perfino ripetere alcuni, ma, contrariamente alla consuetudine, ne organizzò uno di musica anche ad Olimpia. E per non essere disturbato o distratto da qualcosa nel bel mezzo di queste occupazioni, quando fu avvertito dal suo liberto Elio che gli affari di Roma esigevano la sua presenza, gli rispose in questi termini: "Sebbene tu sia dell'avviso ed esprima il desiderio che io mi affretti a tornare, tuttavia avresti dovuto consigliarmi ed esortarmi a ritornare degno di Nerone."

Quando cantava non era permesso uscire dal teatro, nemmeno per necessità. E così, stando a quanto si dice, alcune donne partorirono durante lo spettacolo, e molti, stanchi di ascoltare e di applaudire, sapendo che le porte erano sbarrate, saltarono furtivamente oltre il muro o si fecero portar fuori fingendosi morti. D'altra parte è appena immaginabile con quanta ansia e con quanta emozione gareggiasse, quale gelosia provasse per gli avversari, quale timore mostrasse per i giudici. Si comportava nei confronti dei suoi avversari come se fossero stati in tutto e per tutto suoi pari, li spiava, tendeva loro agguati, segretamente li screditava, qualche volta li ricopriva di ingiurie se li incontrava, e, se erano molto bravi, cercava perfino di corromperli.

Prima di cominciare la sua esibizione, si rivolgeva con molta umiltà ai giudici dicendo "che aveva fatto tutto quello che poteva, ma che il successo era nelle mani della fortuna e che essi, come uomini saggi e competenti, dovevano prescindere da tutto ciò che è fortuito".

I giudici allora lo invitavano a farsi coraggio ed egli se ne andava più tranquillo, ma non senza una certa inquietudine, attribuendo il silenzio e la riservatezza di alcuni di loro a malumore e cattiva disposizione nei suoi confronti e dicendo che essi gli erano sospetti.

XXIV

Durante il concorso era così ossequiente al regolamento, che non osò mai sputare e nemmeno detergersi con il braccio il sudore della fronte.

Per di più, poiché, nel corso di una scena tragica, si era affrettato a raccogliere il bastone che gli era sfuggito di mano, fu colto da paura e temette che quello sbaglio lo facesse escludere dal concorso, e si riprese soltanto quando un mimo lo assicurò che, tra l'entusiasmo e le acclamazioni del popolo, la cosa era passata inosservata. Era lui stesso che si proclamava vincitore; per questo, dappertutto, gareggiò, anche come banditore. E perché non restasse da nessuna parte il ricordo o la traccia dei vincitori dei giochi sacri, ordinò di abbattere, trascinare con un uncino e gettare nelle latrine tutte le loro statue e i loro ritratti.

In diverse occasioni guido anche i carri e apparve persino ai giochi olimpici su un tiro a dieci cavalli, quantunque in uno dei suoi poemi avesse biasimato il re Mitridate proprio per questo fatto; per altro fu sbalzato dal carro; lo si rimise a bordo, ma non potendo reggere fino in fondo, si fermò prima del termine della corsa, cosa che non gli impedì di essere incoronato.

Più tardi, lasciando la Grecia accordò la libertà a tutta la provincia, concesse ai suoi giudici la cittadinanza romana e vi aggiunse somme considerevoli. Lui stesso annunciò queste ricompense, dal centro dello stadio, il giorno dei giochi Istmici.

XXV

Ritornato dalla Grecia a Napoli, poiché era stato in questa città che aveva manifestato per la prima volta il suo talento, vi fece il suo ingresso su un carro trascinato da cavalli bianchi, attraverso una breccia aperta nelle mura, come era tradizione per i vincitori dei giochi sacri; a quel modo entrò anche ad Anzio, poi nella sua proprietà di Alba e quindi a Roma; ma a Roma era sul carro che un tempo aveva usato Augusto per il suo trionfo, vestito di porpora, con una tunica trapunta di stelle dorate, la corona olimpica sul capo, quella pitica nella destra, preceduto da un corteo che reggeva le sue altre corone con tanto di targhetta che indicava in qual luogo, su quali concorrenti, con quale canzone e con quale pezzo teatrale aveva trionfato.

Il suo carro era seguito, come per le ovazioni, da applauditori che continuavano a gridare di essere "gli augustiani e i soldati del suo trionfo". Passò per il Circo Massimo, di cui era stata demolita un'arcata, attraversò il Velabro, poi il foro e si portò al tempio di Apollo sul Palatino. Dovunque passasse si immolavano vittime, si spargeva zafferano per le strade ad ogni istante, gli si offrivano uccelli, nastri e dolci. Egli sistemò le sue corone attorno ai letti nelle camere del suo palazzo e così pure le statue che lo rappresentavano in costume di citaredo, e fece anche coniare una moneta con questa effigie.

Dopo di ciò, fu così lontano dall'abbandonare questa arte o solo dal trascurarla che, per conservare la sua voce, non indirizzò più esortazioni ai soldati se non per iscritto o per bocca di un altro, e d'altra parte non trattò più nessun affare, serio o leggero, senza avere a fianco un maestro di dizione che lo avvertisse "di risparmiare i polmoni e di tenere un fazzoletto davanti alla bocca". Molti si guadagnarono la sua amicizia o si attirarono il suo odio, secondo che erano stati prodighi o avari di lodi.

XXVI

La sua impudenza, la sua libidine, la sua lussuria, la sua cupidigia e la sua crudeltà si manifestarono da principio gradualmente e in forma clandestina, come una follia di gioventù, ma anche allora nessuno ebbe dubbi che si trattasse di vizi di natura e non dovuti all'età. Dopo il crepuscolo, calzato un berretto o un parrucchino, penetrava nelle taverne, vagabondava per i diversi quartieri facendo follie, non certo inoffensive, perché consistevano, generalmente, nel picchiare la gente che ritornava da cena, nel ferirla e immergerla nelle fogne se opponeva resistenza, come pure nel rompere e scardinare le porte delle botteghe; installò nel suo palazzo una cantina dove si prendeva il frutto del bottino diviso e messo all'asta.

Spesso, nelle risse di questo genere, rischiò di perdere gli occhi e anche la vita e una volta fu ferito quasi mortalmente da uno dell'ordine senatoriale, del quale aveva preso la moglie tra le braccia.

Per questo non si avventurò più in città a quell'ora senza essere discretamente seguito, alla distanza, da alcuni tribuni. Qualche volta, anche durante il giorno, si faceva portare segretamente a teatro in lettiga e dall'alto del proscenio assisteva alle dispute che scoppiavano attorno ai pantomimi e ne dava anche il segnale.Un giorno che si era venuti alle mani e che si battagliava a colpi di pietra e di pezzi di sgabelli, anche lui gettò sulla folla un bel po' di proiettili e perfillo ferì gravemente un pretore alla testa.

XXVII

Ma a poco a poco, ingigantendosi i suoi vizi, rinunciò alle scappatelle e ai misteri, e senza preoccuparsi di nasconderli, si gettò apertamente nei più grandi eccessi. Faceva durare i suoi banchetti da mezzogiorno a mezzanotte, ristorato assai spesso da bagni caldi o, durante l'estate, freddi come la neve. Arrivava anche a cenare in pubblico, sia nella naumachia chiusa, Sia nel Campo di Marte, sia nel Circo Massimo e si faceva servire da tutti i cortigiani e da tutte le baiadere di Roma.

Ogni volta che discendeva il Tevere per portarsi a Ostia o che doppiava il golfo di Baia, si installavano di tanto in tanto sulle coste e sulle rive alcune taverne nelle quali si potevano vedere donne di facili costumi, trasformate in ostesse, che lo invitavano di qua e di là, ad approdare. Egli si invitava anche a cena dai suoi amici: uno di loro spese così quattro milioni di sesterzi per un banchetto con diademi, ed un altro anche di più per adornarlo di rose.

XXVIII

Oltre alle sregolatezze con giovani ragazzi e alle sue relazioni con donne sposate, fece violenza anche alla vestale Rubria. Poco mancò che prendesse come legittima sposa la sua liberta Acte e aveva assoldato alcuni ex consoli perché certificassero con un falso giuramento che essa era di origine regale.

Dopo aver fatto evirare un fanciullo di nome Sporo, tentò anche di trasformarlo in una donna, se lo fece condurre con la sua dote e con il suo velo color fiamma, con un gran corteo, secondo l'ordinario cerimoniale dei matrimoni e lo trattò come suo sposo; il fatto suggerì a qualcuno questa battuta molto spiritosa: "Che fortuna per l'umanità se suo padre Domizio avesse avuto una simile moglie." Questo Sporo, agghindato come un'imperatrice e portato in lettiga lo seguì in tutti i centri giudiziari e i mercati della Grecia, poi, a Roma, Nerone lo portò ai Sigillari, baciandolo ad ogni momento. Avrebbe voluto avere rapporti carnali persino con sua madre, ma ne fu dissuaso dai nemici di Agrippina che non volevano il predominio di questa donna odiosa e tirannica grazie a questo nuovo genere di favore; nessuno dubitò mai di questa sua passione, soprattutto quando ammise nel numero delle sue concubine una prostituta che si diceva somigliante in modo impressionante ad Agrippina. Si assicura anche che in passato, ogni volta che andava in lettiga con sua madre, si abbandonava alla sua passione incestuosa e che veniva tradito dalle macchie del suo vestito.

XXIX

Prostituì il suo pudore ad un tal punto che, dopo aver insozzato quasi tutte le parti del suo corpo, ideò alla fine questo nuovo tipo di divertimento: coperto dalla pelle di una bestia feroce, da una gabbia si lanciava sugli organi genitali di uomini e di donne, legati ad un tronco, e, quando aveva imperversato abbastanza, per finire, si dava in balia del suo liberto Doriforo; da costui si fece anche sposare, come lui aveva sposato Sporo, e arrivò perfino ad imitare i gridi e i gemiti delle vergini che subivano violenza.

Ho saputo da molte persone che Nerone era assolutamente convinto che "nessun uomo fosse pudico e puro in nessuna parte del suo corpo, ma che la maggior parte dissimulava il vizio e lo, copriva con astuzia", e perciò a coloro che gli confessavano apertamente la loro impudicizia perdonava anche ogni altro delitto.

XXX

A proposito delle ricchezze e del denaro pensava che non vi era altro motivo di averne se non per sperperarlo, e considerava come sordidi e avari coloro che tenevano nota delle spese, mentre stimava munifici e splendidi quelli che abusavano delle loro sostanze e le dilapidavano. Ammirava ed esaltava suo zio Gaio soprattutto perché in poco tempo aveva fatto fuori le immense ricchezze lasciate da Tiberio. E così non ebbe misura né nelle sue liberalità né nelle sue spese. Per ricevere Tiridate (la cosa può sembrare quasi incredibile) prelevò dal tesoro ottocentomila sesterzi al giorno, e quando se ne andò gliene diede più di cento milioni.

Il citaredo Menecrate e il mirmillone Spicolo ricevettero da lui case e patrimoni di trionfatori. Dopo aver arricchito l'usuraio Panerote Cercopiteco con possedimenti situati in città e in campagna, gli fece funerali quasi regali. Non portò mai due volte lo stesso vestito. Ai dadi giocò fino a quattrocentomila sesterzi per punto e andò a pescare con una rete dorata trattenuta da corde intrecciate di porpora e filo scarlatto. Si dice che non viaggiò mai con meno di mille vetture, con muli ferrati d'argento, con vetturini vestiti di lana di Canusio e con una schiera di vari corridori coperti di decorazioni e di braccialetti.

XXXI

Ma il denaro lo sperperò soprattutto nelle costruzioni; si fece erigere una casa che andava dal

Palatino all'Esquilino, e la battezzò subito "il passaggio" e quando un incendio la distrusse, se la fece ricostruire e la chiamò "Casa d'oro". Per dare un'idea della sua estensione e del suo splendore, sarà sufficiente dire questo: aveva un vestibolo in cui era stata rizzata una statua colossale di Nerone, alta centoventi piedi; era tanto vasta che la circondava un portico, a tre ordini di colonne, lungo mille passi e vi si trovava anche uno specchio d'acqua simile al mare, sul quale si affacciavano edifici che formavano tante città; per di più vi era un'estensione di campagna dove si vedevano campi coltivati, vigneti, pascoli e foreste, abitate da ogni genere di animali domestici e selvaggi.

Nel resto dell'edificio tutto era ricoperto d'oro e rivestito di pietre preziose e di conchiglie e di perle; i soffitti delle sale da pranzo erano fatti di tavolette d'avorio mobili e percorsi da tubazioni, per poter lanciare sui commensali fiori, oppure profumi. La principale di queste sale era rotonda, e girava continuamente, giorno e notte, su se stessa, come il mondo; nei bagni fluivano le acque del mare e quelle di Albula. Quando un tale palazzo fu terminato e Nerone lo inaugurò, tutta la sua approvazione si ridusse a dire a che finalmente cominciava ad avere una dimora come si addice ad un uomo".

Dopo di che avviava la costruzione di una piscina che si estendeva da Miseno al lago Averno, interamente coperta e circondata da portici, nella quale dovevano essere condotte tutte le acque termali di Baia; poi intraprendeva la realizzazione di un canale dall'Averno fino a Ostia, che permetteva di portarsi in questa città con imbarcazioni, ma senza navigare sul mare. La lunghezza di questo canale doveva essere di centosessanta miglia e la sua larghezza tale che due navi a cinque ordini di remi potessero navigarvi in senso contrario.

Per compiere questi lavori aveva dato disposizioni di trasportare in Italia tutti i detenuti dell'Impero, e di emettere solo condanne ai lavori forzati, anche per i delitti più evidenti. A questa follia di spese lo incitò non solo la fiducia nelle risorse dell'Impero, ma anche l'improvvisa speranza di scoprire immense ricchezze nascoste, secondo le indicazioni di un cavaliere romano che gli garantiva che l'antichissimo tesoro trasportato dalla regina Didone quando fuggì da Tiro, si trovava in Africa, celato dentro vastissime caverne e che poteva essere estratto con un minimo sforzo.

XXXII

In seguito però, scoraggiato dal crollo di queste speranze e vedendosi prosciugato e impoverito a tal punto che fu costretto far attendere e rimandare la paga dei soldati e la liquidazione delle pensioni ai veterani, si diede alle calunnie e alle rapine.

Prima di tutto stabilì che gli si versasse non più la metà, ma i cinque sesti dei beni lasciati in eredità da tutti i liberti che portavano, senza una ragione valida, il nome di una delle famiglie con le quali egli era imparentato; decretò in seguito che i testamenti delle persone che, alla loro morte, avessero dato prova di ingratitudine verso il principe, fossero requisiti dalla cassa imperiale e che non restassero impuniti gli uomini di legge che avevano scritto o dettato questi stessi testamenti; infine che la legge di lesa maestà fosse applicabile ad ogni azione o parola, su semplice denuncia di un delatore. Si fece anche rimborsare il prezzo di tutte le corone che alcune città gli avevano decretato nei vari concorsi. Vietato l'uso dei colori di viola e di porpora, incaricò uno dei suoi agenti di venderne qualche oncia nei giorni di mercato e fece chiudere le botteghe a tutti i mercanti.

Per di più, un giorno che cantava scorse tra la folla una donna vestita di questa porpora vietata, allora la indicò, almeno così dicono, ai suoi intendenti e la fece immediatamente spogliare non solo della sua veste, ma anche dei suoi beni.

Non affidò mai un incarico a nessuno senza aggiungere: "Tu sai di che cosa ho bisogno" e: "Arrangiamoci, perché non resti niente a nessuno." Per ultima cosa spogliò molti templi dei loro doni e fece fondere le statue d'oro e d'argento, tra le quali quelle degli dei Penati, che più tardi furono ristabilite da Galba.

XXXIII

I suoi parricidi e i suoi assassini cominciarono con l'eliminazione di Claudio, giacché se non ne fu l'autore, ne fu tuttavia il complice e lungi dal nasconderlo, perché a partire da quel momento prese l'abitudine di citare un proverbio greco che celebrava come cibo degli dei i funghi di cui ci si era serviti per avvelenare quell'imperatore. In ogni caso elargì ogni sorta di oltraggi alla sua memoria, sia con parole, sia con azioni, rimproverandogli di volta in volta la sua stupidità e la sua crudeltà; diceva, ad esempio, che egli aveva finito di "soggiornare" tra gli uomini, giocando sul termine "morari" di cui allungava la prima sillaba; annullò, come frutto di una mente folle e stravagante, numerosi suoi decreti; infine il solo recinto con cui circondò la sua tomba fu un piccolo muro senza spessore.

Geloso di Britannico, che aveva una voce più gradevole della sua, e temendo d'altra parte che un giorno lo soppiantasse nel favore del popolo, grazie al ricordo di suo padre, lo fece avvelenare. Il veleno fu dato da una certa Locusta, che ne aveva scoperti di ogni genere, ma poiché agiva più lentamente di quanto si aspettava, provocando in Britannico una semplice diarrea, fece venire quella donna e la frustò con le sue mani, rimproverandole di avergli fornito una medicina, non un veleno; Locusta si giustificò dicendo che ne aveva inviata una dose leggera per mascherare un delitto così odioso, e allora Nerone disse: "Sta a vedere che ho paura della legge Giulia!" e la costrinse a far bollire sotto i suoi occhi, nella sua camera, il veleno più rapido ed istantaneo che potesse. Poi lo sperimentò su un capretto, ma poiché l'animale era campato ancora cinque ore, fece ribollire il veleno più volte e lo somministrò a un porcellino; poiché quello morì sull'istante, ordinò di portare il veleno nella sala da pranzo e di farlo bere a Britannico che cenava con lui, e quando Britannico cadde subito dopo averlo gustato, Nerone disse ai convitati che si trattava di una delle sue abituali crisi di epilessia; il giorno dopo lo fece seppellire in fretta, senza pompa, sotto una pioggia torrenziale. Quanto a Locusta, in premio dei suoi servizi, le concesse l'impunità, ampi possedimenti e perfino discepoli.

XXXIV

Stufo di vedere sua madre esercitare rigorosamente ogni controllo e ogni critica sulle sue parole e sui suoi atti, Nerone in un primo tempo si limitò a farle temere più volte di esporla all'odio pubblico, fingendo di voler deporre la carica di imperatore e di andarsene a Rodi; in seguito la privò di ogni onore e di ogni potere, le tolse la guardia di soldati e di Germani, e infine la bandì dalla sua presenza e dal Palatino; ormai non trascurò nulla per tormentarla e assoldò persone che le intentassero processi quando soggiornava a Roma, e la perseguitassero con le loro ingiurie e i loro frizzi, passando davanti alla sua casa per terra e per mare, quando vi cercava rifugio per riposarsi. Spaventato però dalle sue minacce e dalle sue violente reazioni, decise di farla morire. Per tre volte tentò di avvelenarla, ma vedendo che essa si era munita di antidoti, preparò un congegno che avrebbe dovuto far cadere su di lei il soffitto durante la notte mentre dormiva.

I complici però non conservarono il segreto sul progetto e allora ideò una nave che facilmente si sfasciasse per farvela morire sia di naufragio sia per il crollo del ponte. Fingendo quindi una riconciliazione le inviò una lettera affettuosissima per invitarla a venire a celebrare con lui le feste di Minerva a Baia; dato poi ordine ai comandanti delle navi di avariare, come per un abbordaggio fortuito, l'imbarcazione liburnica con la quale era stata trasportata, protrasse il banchetto, dopo di che, per il suo ritorno a Bauli, le offrì la nave truccata al posto di quella in avaria, la accompagnò tutto contento e perfino le baciò i capezzoli al momento di lasciarla.

Passò la notte sveglio in stato di agitazione, aspettando l'esito dell'impresa, ma quando seppe che tutto era andato diversamente e che Agrippina si era salvata a nuoto, non sapendo che cosa fare, quando L. Agermo, un liberto di sua madre, venne ad annunciargli, tutto felice, che sua madre era sana e salva, egli gettò di nascosto un pugnale presso di lui e con il pretesto che gli era stato mandato da Agrippina per assassinarlo, ordinò di prendere, incatenare e mettere a morte sua madre, che sarebbe passata per suicida perché il suo crimine era stato scoperto.

Autori attendibili aggiungono anche dettagli più atroci: sarebbe accorso per vedere il cadavere, avrebbe palpato le sue membra, criticato alcune parti del suo corpo, elogiato altre e di tanto in tanto, preso dalla sete, avrebbe bevuto. Tuttavia, nonostante fosse incoraggiato dalle felicitazioni dei soldati, del Senato e del popolo, non poté mai, né allora, né in seguito, far tacere i rimorsi e confessò di essere tormentato sia dal fantasma di sua madre, sia dalle fruste e dalle torce ardenti delle Furie. Tentò perfino, ricorrendo ad incantesimi, di evocare e supplicare i mani di Agrippina.

Durante il suo viaggio in Grecia non osò assistere ai misteri di Eleusi perché la voce del banditore vietò agli empi e ai criminali di farsene iniziare. A questo delitto aggiunse anche l'assassinio di sua zia. Una volta che si recò a visitarla mentre era costretta a letto da una costipazione ostinata, essa, per adularlo, gli disse, accarezzando la sua barba che stava spuntando, come sono soliti fare i vecchi: "Quando l'avrò ricevuta, potrò anche morire". Nerone allora, rivolto. a coloro che lo accompagnavano disse, come per scherzo, "che l'avrebbe deposta subito" e ordinò ai medici di dare alla malata un purgante energico; senza attendere che fosse morta si impossessò dei suoi beni e fece sparire il suo testamento perché niente gli sfuggisse.

XXXV

Oltre ad Ottavia, ebbe due altre mogli: prima Poppea Sabina, figlia di un anziano questore, e sposata in precedenza ad un cavaliere romano, poi Statilia Messalina, pronipote di Tauro che fu due volte console e ricevette il trionfo. Per poter sposare quest'ultima fece uccidere suo marito Attico Vestino perfino mentre esercitava il consolato.

Si stancò subito di Ottavia e, poiché i suoi amici glielo rimproveravano, egli rispose che "essa doveva accontentarsi delle insegne del matrimonio". In seguito, avendo tentato più volte, senza riuscirvi, di farla strangolare, la ripudiò con il pretesto della sterilità, ma poiché il popolo disapprovava il suo divorzio e non gli risparmiava le sue invettive, la relegò e infine la fece mettere a morte, sotto l'imputazione di adulterio; l'accusa era così impudente e calunniosa che all'istruttoria tutti i testimoni si ostinarono a negare e Nerone dovette costringere a far denuncia il suo pedagogo Aniceto che si accusò, falsamente, di aver abusato di lei con uno stratagemma.

Undici giorni dopo il divorzio da Ottavia, Nerone sposò Poppea, che amò più di tutto, e tuttavia uccise anche lei, con un calcio, perché, incinta e malata, lo aveva rimproverato aspramente una sera che era rincasato tardi da una corsa di carri. Da lei ebbe una figlia, Claudia Augusta che morì ancora bambina. Non vi è nessuna categoria di parenti che fosse al riparo dei suoi delitti.

Poiché Antonia, la figlia di Claudio, rifiutava di sposarlo, dopo la morte di Poppea, egli la fece uccidere con il pretesto che fomentava una rivoluzione; allo stesso modo trattò tutte le altre persone che gli erano legate o imparentate in qualche modo; tra gli altri abusò del giovane Aulo Plauzio, prima di mandarlo a morte, poi gli disse: "Venga subito mia madre e baci il mio successore," per far capire che Agrippina lo aveva amato e lo aveva spinto a sperare di impossessarsi dell'Impero. Informato che il suo figliastro Rufrio Crispino, figlio di Poppea, ancora fanciullo, si assegnava nei suoi giochi il ruolo di generale, diede incarico ai suoi stessi schiavi di annegarlo nel mare mentre pescava.

Mandò in esilio Tusco, figlio della sua nutrice, perché, quando era procuratore d'Egitto si era preso il bagno nelle terme costruite per l'arrivo dell'imperatore. Costrinse il suo precettore Seneca a suicidarsi, benché gli avesse solennemente giurato, quando quello insisteva per ottenere il suo congedo, lasciandogli tutti i suoi beni, che avrebbe preferito morire, piuttosto che fargli del male. A Burro, prefetto del Pretorio, promise un rimedio per la sua gola e gli mandò del veleno. Quanto ai suoi liberti, ricchi e vecchi, che avevano preparato la sua adozione prima e poi il suo principato, ed erano stati i suoi consiglieri, li fece sparire avvelenando ora i loro cibi, ora le loro bevande.

XXXVI

Con crudeltà non minore si comportò fuori casa e verso gli estranei. Una cometa, che, secondo la credenza popolare, annuncia la morte alle massime potenze, si era mostrata per più notti di seguito. Nerone si preoccupò di questa minaccia e, quando l'astrologo Balbilio gli spiegò che generalmente i re scongiuravano simili presagi immolando qualche illustre vittima e li gettavano lontano da sé, sulla testa dei grandi, egli decretò la morte di tutti i più nobili cittadini. Sicuramente lo confermò in questa decisione e la rese in un certo senso legittima, la scoperta di due complotti, dei quali il primo e più importante, quello di Pisone, si formò e fu scoperto a Roma, il secondo, quello di Vinicio a Benevento.

I congiurati si difesero in tribunale, incatenati con triplice giro: alcuni confessarono apertamente il loro progetto, altri se ne fecero un merito dicendo che "non potevano aiutarlo se non uccidendolo, perché si era coperto di ogni vergogna". I figli dei condannati furono cacciati da Roma e li si fece morire di fame o con il veleno; è notorio che alcuni furono uccisi, insieme con i loro precettori e i loro schiavi personali, durante una colazione e che ad altri fu impedito di procurarsi il nutrimento quotidiano.

XXXVII

Da allora, senza fare nessun discernimento e senza nessuna moderazione, fece morire a suo capriccio tutte le persone che voleva con qualsiasi pretesto. Ma, per non dilungarmi troppo, dirò che si accusò Salvidieno Orfito di aver affittato come ufficio per i funzionari della città tre negozi che facevano parte della sua casa presso il foro; Cassio Longino giureconsulto accecato, di aver conservato in un antico stemma di famiglia il ritratto di C. Cassio, Uno degli assassilli di Cesare; Peto Trasea di avere l'aria accigliata di un pedagogo. A coloro cui aveva ordinato di uccidersi, concedeva soltanto poche ore di tempo e per prevenire ogni ritardo inviò loro anche dei medici incaricati di prestare le loro "cure" in caso di esitazione; era questa del "prestar le cure" una sua tipica espressione per dire di aprire le vene allo scopo di provocare la morte.

Si dice anche che abbia voluto offrire uomini vivi da maciullare e divorare a un egiziano abituato a mangiare carne cruda e tutto ciò che gli si presentava. Gonfio di orgoglio per così brillanti successi dichiarò che "nessun imperatore aveva saputo che cosa fosse lecito a lui" e spesso fece capire, con molte e precise allusioni che non avrebbe risparmiato neppure i restanti senatori e che un giorno avrebbe fatto sparire questo ordine dalla repubblica, per affidare le province e il comando degli eserciti ai cavalieri romani e ai liberti. In ogni caso, sia quando entrava in Senato, sia quando ne usciva, non dava l'abbraccio a nessuno e neppure rispondeva ai saluti; e prima di far cominciare i lavori dell'istmo disse ad alta voce, in presenza di una folla considerevole, che si augurava "la buona riuscita dell'impresa per sé e per il popolo romano", senza fare il minimo accenno al Senato.

XXXVIII

Non risparmiò né il popolo né le mura della sua patria. Una volta che un tale, nel mezzo di una conversazione generale, disse: "Quando sarò morto, la terra si mescoli con il fuoco," egli lo interruppe gridando: "Anzi, mentre sono vivo!" e realizzò pienamente questa sua aspirazione.

In realtà, con il pretesto che era disgustato dalla bruttezza degli antichi edifici e dalla strettezza e sinuosità delle strade, incendiò Roma e lo fece così apertamente che molti ex consoli, avendo sorpreso nei loro possedimenti alcuni suoi servi di camera con stoppa e torce tra le mani, non osarono toccarli, mentre alcuni magazzini di grano, che occupavano presso la "Casa dorata" un terreno da lui ardentemente desiderato, furono abbattuti con macchine da guerra e incendiati perché erano stati costruiti con muri di sasso.

Il fuoco divampò per 6 giorni e 7 notti, obbligando la plebe a cercare alloggio nei monumenti pubblici e nelle tombe. Allora, oltre a un incalcolabile numero di agglomerati di case, il fuoco divorò le abitazioni degli ex generali, ancora adornate delle spoglie dei nemici, i templi degli dei che erano stati votati e consacrati sia al tempo dei re, sia durante le guerre puniche e galliche e tutti i monumenti curiosi e memorabili che restavano. Nerone contemplò questo incendio dalla torre di Mecenate e affascinato, come diceva, dalla bellezza della fiamma, cantò "La Presa di Troia", indossando il suo costume da teatro. E per non lasciarsi sfuggire l'occasione di afferrare tutto il bottino e le spoglie che poteva, promise di far togliere gratuitamente i cadaveri e le macerie e non permise a nessuno di avvicinarsi a ciò che restava dei suoi beni; poi, non contento di ricevere contributi in denaro, ne sollecitò e ridusse quasi alla rovina le province e i privati cittadini più facoltosi.

XXXIX

A così grandi calamità e così grandi mali che venivano dall'imperatore, si aggiunsero anche alcune disgrazie dovute alla fatalità: una pestilenza che, in un solo autunno, fece iscrivere trentamila convogli funebri nel registro di Libitina; un disastro in Britannia, dove il nemico distrusse due centri molto importanti, massacrando una folla di cittadini e di alleati; in Oriente una sconfitta vergognosa che obbligò le nostre legioni a passare sotto il giogo, in Armenia, mentre a fatica si poté conservare la Siria.

Ciò che può sembrare straordinario, in tutto questo, e degno di nota, è il fatto che Nerone sopportò con la massima pazienza tutte le satire e le ingiurie, e diede prova di un'indulgenza particolare nei confronti di coloro che lo provocavano con parole e con versi.

Si affissero sui muri o si fecero correre tra il popolo molti epigrammi come questi, sia in greco, sia in latino:

Nerone, Orèste, Alcmeone: matricidi. Ultima notizia: Nerone ha ucciso sua madre. Chi nega che Nerone discende dalla nobile stirpe di Enea? Quello ha tolto di mezzo la madre, questo ha retto sulle spalle il padre. Il nostro uomo accorda la sua cetra, il Parto il suo arco tende. Il nostro uomo sarà Peane, il Parto Ecatebelete. Roma diverrà la sua casa; Quiriti, emigrate a Veio ammesso che questa casa non inglobi anche Veio.

Ma egli non fece ricercare gli autori di questi epigrammi e anche quando alcuni di loro furono denunciati al Senato, vietò di infliggere loro una pena troppo severa.

Un giorno, vedendolo passare, Isidoro il Cinico gli aveva rimproverato pubblicamente, ad alta voce "di cantar bene le sventure di Nauplio e di amministrare male i suoi propri beni"; Dato, un autore di atellane, recitando questo verso lirico: "State bene, padre, state bene padre" aveva di tanto in tanto fatto il gesto di bere e di nuotare, alludendo evidentemente alla morte di Claudio e a quella di Agrippina, poi, arrivato al verso finale: "L'inferno vi tira per i piedi"aveva con un gesto indicato il Senato. Ciò nonostante Nerone si limitò a bandire da Roma e dall'Italia tanto l'attore quanto il filosofo, sia perché disprezzava completamente l'opinione pubblica, sia perché temeva, lasciando trasparire il suo risentimento, di eccitare ancora di più gli animi.

XL

Il mondo, dopo aver sopportato un simile imperatore un po' meno di quattordici anni, alla fine lo depose e furono i Galli a dare il segnale sotto la guida di Giulio Vindice, che allora governava questa provincia in qualità di propretore. Gli astrologhi avevano una volta predetto a Nerone che un giorno sarebbe stato deposto; fu a questo proposito che pronunciò la famosa frase: "L'arte ci darà da vivere", con lo scopo di rendere evidentemente più giustificabile il fatto di coltivare l'arte dei citaredi, gradita per lui, mentre era principe, ma necessaria se fosse divenuto semplice cittadino. Tuttavia alcuni gli avevano promesso che, dopo la sua deposizione, sarebbe stato padrone dell'Oriente, qualcuno specificò anche che gli sarebbe stato dato il regno di Gerusalemme e molti che avrebbe ritrovato tutta la sua antica potenza.

Attaccato a questa speranza, quando la Britannia e l'Armenia furono perdute e poi riconquistate l'una e l'altra, credette di essersi liberato dalle sventure stabilite dal destino. Poi, quando Apollo che egli aveva consultato a Delfi, l'ebbe avvertito di guardarsi dal sessantatreesimo anno, convinto che sarebbe vissuto fino a quel termine e non pensando minimamente all'età di Galba, si mise a far conto non solo sulla vecchiaia, ma anche su una felicità costante e senza pari al punto che, avendo perduto in un naufragio alcuni oggetti preziosi, non esitò a dire, in mezzo agli amici, che "i pesci glieli avrebbero riportati".

A Napoli venne a sapere del sollevamento dei Galli, precisamente il giorno in cui aveva ucciso sua madre, ma accolse questa notizia con tanta indifferenza e con tanta tranquillità, che si sospettò perfino che ne fosse contento, come se gli si presentasse l'occasione propizia per spogliare, secondo il diritto di guerra, alcune province molto ricche; si recò dunque al ginnasio e assistette con interesse particolare ai combattimenti degli atleti.

Anche a cena, importunato da lettere per niente tranquillizzanti, limitò la sua collera ad alcune minacce di morte nei confronti dei rivoltosi. Infine durante gli otto giorni che seguirono non si prese la briga né di rispondere a nessuna lettera, né di inviare un ordine, né di prescrivere niente e fece cadere il silenzio su questo argomento.

XLI

Scosso finalmente dai proclami oltraggiosi che Vindice andava moltiplicando, scrisse al Senato per esortarlo a vendicare sia lui, sia lo Stato adducendo, come giustificazione della sua assenza, un forte mal di gola. Ma niente lo addolorò maggiormente che il vedersi trattato come un cattivo citaredo e chiamato Enobarbo, invece di Nerone; a proposito del suo nome di famiglia dichiarò, dal momento che gliene facevano un insulto, che lo avrebbe ripreso, abbandonando quello del suo padre adottivo; quanto alle altre imputazioni, gli era sufficiente un solo argomento per dimostrare che erano false e precisamente che gli si rimproverava perfino di non conoscere un'arte che aveva coltivato con tanto impegno e portato alla sua perfezione; così domandava continuamente a tutti "se conoscevano un artista più grande di lui".

Quando però si succedettero le notizie pressanti, egli ritornò a Roma tutto tremante; nel corso del viaggio fu un po' rassicurato soltanto da un presagio piuttosto frivolo. Infatti, avendo notato su un monumento un bassorilievo rappresentante un soldato gallo abbattuto da un cavaliere romano e trascinato per i capelli, esultò di gioia a quella visione e rese grazie agli dei. Nemmeno in queste circostanze parlò direttamente al popolo e al Senato, ma fece venire presso di sé alcuni dei principali cittadini e tenne in fretta un consiglio con loro, poi trascorso il resto della giornata a mostrar loro alcuni organi idraulici di modello assolutamente nuovo, spiegando il meccanismo di ciascuno e le difficoltà che si incontravano a suonarli, assicurandoli "che quanto prima li avrebbe presentati in teatro, se Vindice glielo avesse permesso".

XLII

Ma quando seppe che Galba e le Spagne si rivoltavano a loro volta, ebbe un collasso e restò a lungo senza voce, semisvenuto; quando poi ebbe ripreso i sensi, si strappò le vesti e si batté la testa duramente, dicendo "che cosa sarebbe stato di lui"; poiché la sua nutrice cercava di consolarlo ricordandogli che simili sventure erano capitate ad altri principi, egli rispose "che la sua sfortuna superava tutte le loro, che era inaudita e senza precedenti, dal momento che gli sfuggiva di mano il potere supremo, quando ancora era vivo". Ma non rinunciò, tuttavia, a nessuna delle sue abitudini di lusso e di indolenza e nemmeno le ridusse; al contrario, poiché aveva ricevuto dalle province la notizia di un successo, nel corso di uno splendido banchetto cantò su un'aria allegra e con gesti appropriati alcuni versi comici diretti contro i capi della rivolta, che si diffusero tra il popolo; fattosi poi portare segretamente a teatro, mandò a dire a un attore molto applaudito "che se ne approfittava delle occupazioni dell'imperatore".

XLIII

Si crede che, dall'inizio dell'insurrezione, egli avesse formulato un'infinità di progetti abominevoli, ma non certo contrari alla sua natura: quello di inviare successori ed assassini ai governatori delle province e ai comandanti degli eserciti, che considerava cospiratori animati da un solo e identico spirito; di far massacrare tutti gli esiliati, dovunque fossero, e tutti i Galli che si trovavano a Roma, i primi per impedire che si unissero ai rivoltosi, gli altri, come se fossero complici e partigiani dei loro compatrioti; di lasciar saccheggiare le Gallie dalle sue armate; di avvelenare i senatori durante i loro banchetti; di incendiare Roma e di lanciare contro il popolo le bestie feroci, per rendere più difficile l'opera di salvataggio. Abbandonò però questi progetti non tanto per scrupolo di coscienza, quanto perché disperava di poterli realizzare e, considerando necessaria una spedizione, privò i consoli del loro incarico, prima del tempo legale, per mettersi da solo al loro posto, con il pretesto che, per volontà del destino, i Galli potevano essere debellati soltanto da un console. Prese dunque i fasci e, mentre usciva dalla sala da pranzo, dopo un banchetto, appoggiato alle spalle dei suoi intimi, disse loro che non appena avesse toccato il suolo della provincia si sarebbe presentato senza armi agli occhi dei soldati e si sarebbe limitato a versare lacrime; allora i rivoltosi si sarebbero pentiti e il giorno dopo, pieno di gioia, in mezzo all'allegria generale, avrebbe cantato un inno di vittoria che già in quel momento gli era opportuno comporre.

XLIV

Sua prima preoccupazione, nel preparare la spedizione, fu quella di scegliere i carri adatti per il trasporto dei suoi organi di teatro, di far tagliare i capelli alla maschietto alle concubine che aveva intenzione di condurre con sé e di armarle, come Amazzoni, di asce e di scudi. In seguito convocò le tribù urbane, perché prestassero giuramento militare, ma poiché nessun cittadino idoneo al servizio rispose all'appello, pretese dai padroni un numero determinato di schiavi e fra tutti quelli che ciascuno possedeva prese solo gli elementi più fidati, compresi gli intendenti e i segretari; ordinò ancora ai cittadini di tutti gli ordini di fornire, a titolo di contributo, una parte del loro capitale e inoltre agli inquilini delle case private e dei complessi edilizi di versare subito alla cassa imperiale l'affitto di un anno.

Mostrandosi per altro incontentabile e rigoroso, pretese pezzi di moneta nuovi, argento purificato al fuoco, oro puro, tanto che quasi tutti rifiutarono apertamente ogni contributo, reclamando di comune accordo che si richiedessero piuttosto ai delatori tutte le ricompense che essi avevano ricevuto.

XLV

L'odio che si era attirato speculando perfino sull'alto prezzo del grano si accrebbe ancora di più quando il caso volle che si annunciasse, in mezzo ad una carestia pubblica, l'arrivo di una nave da Alessandria carica di sabbia per i lottatori di corte. Così, sollevatosi contro di lui il rancore generale, non vi fu insulto che non dovette subire. Dietro la testa di una sua statua si attaccò una frangia con la scritta, in greco, "che adesso era il momento della lotta e che finalmente lo si sarebbe deposto". Al collo di un'altra si appese un sacco con queste parole: "Che avrei potuto fare di più io? Ma tu ti sei meritato il sacco." Sulle colonne si scrisse anche che "con i suoi canti aveva eccitato perfino i Galli". Infine, durante la notte, si sentiva la voce di molti che, fingendo di rimproverare gli schiavi, invocavano con insistenza un "Vindice".

XLVI

Inoltre Nerone era spaventato dai precisi avvertimenti che gli venivano dai sogni, dagli auspici e dai presagi, non solamente di antica data, ma anche recenti. In passato non aveva mai sognato, ma dopo aver fatto uccidere sua madre, vide in sogno che gli si strappava il timone di una nave che stava governando, che veniva trascinato dalla sua sposa Ottavia nelle tenebre più dense e che ora veniva coperto da un nugolo di formiche alate, ora che le statue delle genti, inaugurate presso il teatro di Pompeo lo circondavano e gli sbarravano il passo; infine che il suo cavallo d'Asturia, cui era particolarmente attaccato, gli appariva con la parte posteriore del corpo trasformata in scimmia, mentre solo la testa era intatta ed emetteva sonori nitriti. Dal Mausoleo le cui porte si aprirono da sole, si udì una voce che lo chiamava per nome. Il giorno delle calende di gennaio, gli dei Lari, ornati di fiori, si rovesciarono in mezzo all'apparato del sacrificio; mentre prendeva gli auspici, Sporo gli offrì un anello sulla cui pietra era effigiato il ratto di Proserpina. Al momento delle preghiere per l'imperatore, quando già i cittadini dei vari ordini erano radunati in folla, a fatica si trovarono le chiavi del Campidoglio. Quando lesse in Senato il passo del suo discorso contro Vindice, in cui diceva che i criminali sarebbero stati puniti e ben presto avrebbero fatto una fine degna di loro, tutti quanti gridarono insieme: "Sarai tu a farla, Augusto."

Si osservò anche che quando cantò per l'ultima volta in pubblico, interpretò l'Edipo in esilio e terminò con queste parole: "Mia moglie, mia madre, mio padre mi ordinano di morire."

XLVII

Nel frattempo gli fu consegnata, mentre pranzava, una lettera che gli comunicava anche la rivolta di tutte le altre armate; egli la lacerò, rovesciò la tavola, scaraventò in terra due coppe di cui si serviva volentieri e che chiamava "omeriche" perché vi erano cesellate alcune scene di Omero, poi si fece dare da Locusta un veleno che richiuse in una cassetta d'oro e si trasferì nei giardini di Servilio. Qui diede ordine ai più devoti dei suoi liberti di recarsi a Ostia per preparare una flotta, poi chiese ai tribuni e ai centurioni del pretorio se erano disposti ad accompagnarlo nella sua fuga, ma alcuni tergiversarono, altri rifiutarono categoricamente e uno arrivò perfino a gridargli: "Una così grande disgrazia morire?".

Allora, considerando varie soluzioni, pensò di portarsi in atteggiamento supplice, presso i Parti o presso Galba o di presentarsi in pubblico vestito di nero, per implorare dall'alto dei rostri, nella forma più supplicante possibile, il perdono del passato, e per pregare, qualora non fosse riuscito a toccare i cuori, che gli fosse accordata almeno la prefettura dell'Egitto. Si trovò più tardi nel suo archivio una allocuzione redatta in questo senso, ma si crede che abbia abbandonato l'idea per il timore di essere fatto a pezzi prima ancora di arrivare in foro. Rimandò così ogni decisione al giorno dopo, ma, risvegliato verso la mezzanotte e saputo che i posti di guardia si erano ritirati, saltò dal letto e mandò a cercare gli amici, e in seguito, poiché non aveva risposta da nessuno, di persona, con pochi compagni, andò a chiedere ospitalità a ciascuno di loro. Trovando tutte le porte chiuse e non ottenendo nessuna risposta, ritornò in camera sua, da dove le guardie, a loro volta, se ne erano già fuggite, portandosi via le sue coperte e perfino la cassetta del veleno; allora mandò a cercare subito il mirmillone Spiculo o chiunque altro fosse disposto a ucciderlo, ma poiché non era stato trovato nessuno, disse: "Dunque, non ho più né un amico, né un nemico" e si mise a correre come se volesse gettarsi nel Tevere.

XLVIII

Ma, frenato nuovamente l'impulso, cominciò a desiderare un rifugio appartato, per raccogliere le forze. Il suo liberto Faone gli propose allora la sua casa di periferia, situata tra la via Salaria e la via Nomentana, a quattro miglia circa da Roma. Restando com'era, a piedi nudi e in tunica si gettò addosso un piccolo mantello di colore stinto, si coprì la testa, stese un fazzoletto davanti alla faccia e montò a cavallo, accompagnato soltanto da quattro persone, tra le quali vi era anche Sporo. Nello stesso istante, spaventato da un tremito della terra e da un lampo che saettò davanti a lui, udì provenire dagli accampamenti vicini le grida dei soldati che formulavano imprecazioni contro di lui e acclamazioni a favore di Galba. Uno dei passanti che incontrarono disse perfino: "Ecco gente che insegue Nerone" e un altro domandò loro: "Vi è qualche novità a Roma, a proposito di Nerone?".

Quando il suo cavallo ebbe un'impennata per l'odore di un cadavere abbandonato sulla strada, gli si scoprì il volto e fu riconosciuto da un pretoriano in congedo che lo salutò. Come giunsero a una strada laterale, lasciarono i cavalli, e passando in mezzo a macchie e cespugli per un sentiero bordato di canne, Nerone arrivò a fatica, non senza che vestiti fossero stesi sotto i suoi piedi, al muro posteriore della casa.

Qui, poiché Faone lo esortava a riposarsi un momento su un mucchio di sabbia, disse che non voleva essere interrato vivo e, fatta una breve sosta, intanto che gli si preparava un ingresso clandestino nella casa, per dissetarsi attinse con la mano un po' d'acqua da una pozzanghera che stava ai suoi piedi, esclamando: "Ecco il ristoro di Nerone". Poi, facendosi strappare il mantello dai rovi si aprì un passaggio fra i cespugli e penetrò, trascinandosi sulle mani attraverso il cunicolo di una grotta che era stata scavata, nella stanza più vicina, dove si distese su un letto dotato di un modesto materasso e ricoperto da un vecchio mantello; tormentato dalla fame e nuovamente dalla sete, disdegnò il pane nero che gli si offriva, ma bevve un bel po' di acqua tiepida.

XLIX

Poi, dal momento che ognuno dei suoi compagni, a turno, lo invitava a sottrarsi senza indugio agli oltraggi che lo attendevano, ordinò di scavare davanti a lui una fossa della misura del suo corpo, di disporvi attorno qualche pezzo di marmo, se lo si trovava, e di portare un po' d'acqua e un po' di legna per rendere in seguito gli ultimi onori al suo cadavere. A ognuno di questi preparativi piangeva e ripeteva continuamente: "Quale artista muore con me!". Mentre si attardava in questo modo, un corriere portò un biglietto a Faone: Nerone, strappandoglielo di mano, lesse che il Senato lo aveva dichiarato nemico pubblico e che lo faceva cercare per punirlo secondo l'uso antico; chiese allora quale fosse questo tipo di supplizio e quando seppe che il condannato veniva spogliato, che si infilava la sua testa in una forca e che lo si bastonava fino alla morte, inorridito, afferrò i due pugnali che aveva portato con sé, ne saggiò le punte, poi li rimise nel loro fodero, protestando che a l'ora segnata dal destino non era ancora venuta".

Intanto ora invitava Sporo a cominciare i lamenti e i pianti, ora supplicava che qualcuno lo incoraggiasse a darsi la morte con il suo esempio; qualche volta rimproverava la propria neghittosità con queste parole: "la mia vita è ignobile, disonorante. Non è degna di Nerone, non è proprio degna. Bisogna aver coraggio, in questi frangenti. Su, svegliati". Ormai si stavano avvicinando i cavalieri ai quali era stato raccomandato di ricondurlo vivo. Quando li sentì, esclamò tremando: "Il galoppo dei cavalli dai piedi rapidi ferisce i miei orecchi". Poi si affondò la spada nella gola con l'aiuto di Epafrodito, suo segretario. Respirava ancora quando un centurione arrivò precipitosamente e, fingendo di essere venuto in suo aiuto, applicò il suo mantello alla ferita; Nerone gli disse soltanto: "Troppo tardi" e aggiunse: "Questa sì è fedeltà".

Con queste parole spirò e i suoi occhi, sporgendo dalla testa, assunsero una tale fissità che ispirarono orrore e spavento in coloro che li vedevano. La prima e principale richiesta che aveva preteso dai suoi compagni era che nessuno potesse disporre della sua testa, ma che fosse bruciato intero a qualunque costo. Il permesso fu accordato da Icelo, liberto di Galba, da poco uscito dalla prigione in cui era stato gettato all'inizio della rivolta.

L

Per i suoi funerali, che costarono duecentomila sesterzi, lo si avvolse nelle coperte bianche, intessute d'oro, di cui si era servito alle calende di gennaio. I suoi resti furono tumulati dalle sue nutrici Egloge e Alessandria, aiutate dalla sua concubina Acte, nella tomba di famiglia dei Domizi, che si scorge dal Campo di Marte sulla collina dei Giardini. Nella sua tomba fu collocato un sarcolago di porfido sormontato da un altare di marmo di Luni e circondato da una balaustra di pietra di Taso.

LI

La sua statura si avvicinava alla media; il suo corpo era coperto di macchie e mandava cattivo odore, i capelli tendevano al biondo, di volto era più bello che distinto; gli occhi erano incavati e deboli alquanto, il collo grosso, il suo ventre prominente, le sue gambe molto gracili, la salute eccellente; infatti, nonostante i suoi eccessi sfrenati, in quattordici anni di principato si ammalò soltanto tre volte e per di più senza essere obbligato a rinunciare al vino e alle sue altre abitudini; nel portamento e nel modo di vestire mancava talmente di eleganza che si arrangiava sempre i capelli in trecce, arrivando perfino, durante il suo viaggio in Acaia, a lasciarli cadere sulla nuca, e spesso apparve in pubblico in vestaglia, con un fazzoletto attorno al collo, senza cintura e a piedi nudi.

LII

Fin dall'infanzia, si applicò a quasi tutti gli studi liberali; la madre però lo tenne lontano dalla filosofia, ricordandogli che non era adatta per un imperatore. Il suo precettore Seneca, invece, non gli fece conoscere gli antichi oratori, perché più a lungo ammirasse la sua oratoria. Pertanto, incline alla poesia, compose versi per diletto e senza fatica e non pubblicò mai, come pensano alcuni, quelli degli altri spacciandoli per suoi. Mi sono capitati tra mano taccuini e libretti che contengono alcuni suoi versi assai noti, scritti di sua mano ed è facile vedere che non sono stati né copiati né scritti sotto dettatura, ma sicuramente composti da un uomo che medita e crea, perché vi sono molte cancellature, aggiunte e correzioni. Ebbe anche una viva passione per la pittura e per la scultura.

LIII

Ma aveva soprattutto la passione per la popolarità e pretendeva di rivaleggiare con tutti coloro che, per un motivo qualsiasi, godevano del favore della folla. Dopo i suoi successi in teatro si sparse la voce che, al prossimo lustro, sarebbe disceso nell'arena, in mezzo agli atleti durante i giochi olimpici; in realtà si esercitava regolarmente nella lotta e in tutta la Grecia non aveva mai assistito ai concorsi ginnici senza starsene seduto a terra nello stadio, alla maniera degli arbitri, riportando qualche volta con le sue stesse mani in mezzo al campo le coppie che si erano spostate un po' troppo. Quando si accorse che lo mettevano alla pari con Apollo nel canto e del Sole nella guida dei carri, aveva perfino deciso di imitare le fatiche di Ercole; dicono che aveva fatto preparare un leone che egli, presentandosi tutto nudo nell'arena dell'anfiteatro, avrebbe dovuto uccidere o a colpi di clava o a forza di braccia.

LIV

Verso la fine della sua vita aveva fatto voto pubblicamente, se nulla fosse mutato nella sua fortuna, di prendere parte ai giochi che sarebbero stati celebrati in onore della sua vittoria, anche come suonatore di organo idraulico, come flautista e come suonatore di cornamusa e infine, all'ultimo giorno come attore che interpretava il ruolo del Turno virgiliano.

Alcuni riferiscono che fece uccidere l'attore Paride perché lo considerava un rivale temibile.

LV

Desiderava eternare, perpetuare la sua memoria, ma era un'ambizione irragionevole; per questo tolse a molte cose e a molti luoghi il loro antico nome e ne diede altri, derivati dal suo; chiamò Neroniano il mese di aprile e aveva persino progettato di dare a Roma il nome di Neropoli.

LVI

Disprezzava tutte le forme di religione e venerò soltanto una dea siriana, ma in seguito le mancò di rispetto a tal punto che le urinò addosso, quando si abbandonò ad un'altra superstizione, cui rimase tenacemente attaccato: un uomo del popolo, a lui completamente sconosciuto, gli aveva fatto dono di una statuetta che rappresentava una giovane donna, la quale doveva preservarlo dai complotti; poiché una congiura era stata scoperta subito dopo, la venerò fino alla fine come una divinità potentissima, offrendogli ogni giorno tre sacrifici e voleva far credere che essa gli svelasse il futuro.Alcuni mesi prima di morire consultò anche i visceri delle vittime, ma non ebbe mai presagi favorevoli.

LVII

Morì nel suo trentaduesimo anno d'età il giorno stesso in cui, un tempo, aveva fatto morire Ottavia e la pubblica esultanza fu così grande che i plebei corsero per tutta la città con berretti di feltro sulla testa. Tuttavia non mancarono quelli che, per parecchi anni adornarono di fiori la tua tomba, in primavera e in estate, e che esposero sui rostri ora le immagini di lui vestito di pretesta, ora gli editti con i quali annunciava, come se fosse vivo, il suo prossimo ritorno per la rovina dei suoi nemici. Per di più Vologeso, re dei Parti, che aveva inviato ambasciatori al Senato per rinnovare il suo trattato di alleanza, fece chiedere anche, insistentemente, che si rendesse un culto alla memoria di Nerone.

Infine vent'anni dopo la sua morte, durante la mia adolescenza, apparve un personaggio, di condizione indefinita, che pretendeva di essere Nerone e questo nome gli valse tanto favore presso i Parti che essi lo sostennero energicamente e solo a fatica ce lo consegnarono.

APPENDICE 2:
CRONOLOGIA DEGLI IMPERATORI ROMANI

1. Augusto 27 a.C. - 14 d.C.
2. Tiberio 14 - 37
3. Caligola 37 - 41
4. Claudio 41 - 54
5. Nerone 54 - 68
6. Galba 68 - 69
7. Otone 69
8. Vitellio 69
9. Vespasiano 69 - 79
10. Tito 79 - 81
11. Domiziano 81 - 94
12. Nerva 96 - 98
13. Traiano 98 - 117
14. Adriano 117 - 138 / Elio Vero 136 - 138
15. Antonino Pio 138 - 161
16. Marco Aurelio 161-180 / Lucio Vero 161-169

17. Avidio Cassio 175 (u.)

18. Commodo 180 - 192

19. Pertinace 193

20. Didio Giuliano 193

21. Settimio Severo 193 - 211 / Clodio Albino 193-197

22. Pescennio Nigro 193 - 194 (u.)

23. Caracalla 211 - 217 / Geta 211 - 212

24. Macrino 217 - 218

25. Eliogabalo 218 - 222

26.Severo Alessandro 222 - 235

27. Massimino il Trace 235 - 236

28. Gordiano I e Gordiano II 238

29. Pupieno e Balbino 238

30. Gordiano III 238 - 244

31. Filippo l'Arabo 244 - 249

32. Silbannaco, Pacaziano, Iotapiano 248 - 249 (u.)

33. Decio 249 - 251 / Erennio Etrusco 250 - 251

34. Ostiliano 251

35. Treboniano Gallo 251 - 253

36. Emiliano 253

37. Valeriano 253 - 259/260

38. Gallieno 253 - 268 / Odenato 267

39. Postumo, Lolliano, Mario, Vittorino 258 - 268 (u. nelle Gallie)

40. Ingenuo, Regaliano, Aureolo 258, 260, 268 (u. nei Balcani)

41. Uranio Antonino, Emiliano, Macriano, Ballista 253 - 261 (u. in Africa e Oriente)

42. Claudio il Gotico 268 - 270

43. Quintillo 270

44. Aureliano 270 - 275

45. Domiziano, Settimio 270 - 271 (u.)

46. Tetrico, Faustino 271 - 273 (u. nelle Gallie)

47. Vaballato 271 - 274 (u. in Oriente)

48. Tacito 275 - 276

49. Floriano giu. 276 - ago. 276

50. Probo 276 - 282

51. Proculo, Bonoso, Saturnino 280 (u.)

52. Caro 282 - 283

53. Carino 283 - 285 / Numeriano 283 - 284

54. Diocleziano 285 - 305

55. Carausio 286 - 293; Alletto 293 - 296 (u. in Britannia)

56. Galerio 305 - 311

57. Costanzo Cloro 305 - 306

58. Severo 306 - 307

59. Massimino Daia 309 - 313

60. Licinio 308 - 324

61. Massenzio 306 - 312

62. Domizio Alessandro 308 - 310 (u. in Africa)

63. Costantino I 306 - 337

64. Costantino II 337 - 340

65. Costante 337 - 350

66. Costanzo II 337 - 360

67. Magnenzio, Nepoziano, Vetranione, Silvano 350 - 355 (u. nelle Gallie)

68. Giuliano l'Apostata 360 - 363

69. Gioviano 363 - 364

70. Valentiniano I 364 - 375

71. Valente 364 - 378

72. Procopio 365 - 366; Firmo 372 - 374 (u.)

73. Graziano 375 - 383

74. Valentiniano II 375 - 392

75. Teodosio 379 - 395

76. Magno Massimo, Flavio Vittore 383 - 388 (u. nelle Gallie)

77. Flavio Eugenio 392 - 394 (u. in Italia)

78. Onorio 395 - 423[1] / Costanzo III 421

79. Costantino III, Costante II, Massimo, Prisco Attalo, Giovino, Sebastiano 408 - 413 (u.)

80. Giovanni 423 - 425 (u. in Italia)

81. Valentiniano III 423 - 455

82. Petronio Massimo 455

83. Eparchio Avito 455 - 456

84. Maggioriano 457 - 461

85. Libio Severo 461 - 465

86. Antemio Procopio 467 - 472

87. Olibrio 472

88. Glicerio 473 - 474

89. Giulio Nepote 474 - 475

90. Romolo Augustolo 475 - 476

---

[1] Da Onorio in poi sono riportati solo gli Imperatori d'Occidente.

LA CASE BOOKS

LA CASE Books è un progetto editoriale nato nel 2010 da un'idea di Jacopo Pezzan e Giacomo Brunoro. Agli inizi del 2010 infatti Pezzan, che vive. a Los Angeles, capisce che quella dell'editoria digitale non è una semplice scommessa sul futuro ma una realtà concreta.

Così quando in Italia non era ancora possibile acquistare ebook su iTunes, e Kindle Store era attivo soltanto negli USA, LA CASE Books inizia a pubblicare ebook e audiolibri in italiano e in inglese sul mercato mondiale.

Nel 2020, per celebrare i primi dieci anni di attività della casa editrice, iniziano anche le pubblicazioni in formato cartaceo. Oggi LA CASE Books ha un catalogo di più di 600 titoli tra libri cartacei, ebook e audiolibri in inglese, italiano, tedesco, francese, spagnolo, russo e polacco, ed è presente in tutti i più importanti digital store internazionali.

www.lacasebooks.com

NERONE. UN VISIONARIO AL POTERE
Richard J. Samuelson

LA CASE Books
PO BOX 931416, Los Angeles, CA, 90093
info@lacasebooks.com || www.lacasebooks.com